高职院校思政课实践教学研究

以《毛泽东思想和中国特色社会主义理论体系概论》为例

王 媛 郭 旭◎著

中国民族文化出版社

·北京·

图书在版编目（CIP）数据

高职院校思政课实践教学研究 / 王媛，郭旭著.——
北京：中国民族文化出版社有限公司，2020.7（2025.1重印）
ISBN 978-7-5122-1382-1

Ⅰ.①高… Ⅱ.①王… ②郭… Ⅲ.①高等职业教育
－思想政治教育－教学研究－中国 Ⅳ.①G711

中国版本图书馆CIP数据核字（2020）第134165号

高职院校思政课实践教学研究

作 者	王 媛 郭 旭
责任编辑	李 健
责任校对	江 泉
出 版 者	中国民族文化出版社 地址：北京市东城区和平里北街14号
	邮编：100013 联系电话：010-84250639 64211754（传真）
印 装	三河市同力彩印有限公司
开 本	787mm×1092mm 16开
印 张	12
字 数	215千
版 次	2020年6月第1版 2025年1月第2次印刷
标准书号	ISBN 978-7-5122-1382-1
定 价	36.00元

2018 年天津市高校思想政治理论课

教学改革创新示范团队项目

前　言

　　《毛泽东思想和中国特色社会主义理论体系概论》（以下简称"概论"课）作为大学生的必修课程，是高校思想政治理论课的核心课程之一，是大学生学习和掌握马克思主义中国化理论成果基本知识的主渠道，是思想政治理论课"05"方案中学分最多的一门核心主干课程、龙头课程。

　　"概论"课以马克思主义中国化为主线，集中阐述马克思主义中国化理论成果的主要内容、精神实质、历史地位和指导意义，充分反映中国共产党不断推进马克思主义基本原理与中国实际相结合的历史进程和基本经验；以马克思主义中国化最新成果为重点，全面把握中国特色社会主义进入新时代，系统阐释习近平新时代中国特色社会主义思想的主要内容和历史地位，充分反映建设社会主义现代化强国的战略部署。本课程在学校培养目标中，承担着帮助大学生全面了解我国国情，系统掌握毛泽东思想、邓小平理论、"三个代表"重要思想、科学发展观和习近平新时代中国特色社会主义理论的基本原理，坚定建设中国特色社会主义的理想和信念；培养大学生讲实话，办实事，知行统一，脚踏实地的求真务实精神；提高大学生政治理论素养，坚持走中国特色社会主义道路的自觉性等重要功能。

　　这门课的突出特点是具有很强的理论性和实践性。仅靠在课堂上学习理论知识是比较枯燥的，应该运用于实践当中。因此，它要求我们在教学过程中坚持知与行的统一，在搞好课堂理论教学的基础上，加强实践教学环节，引导学生在学习马克思主义中国化基本理论的同时，加强实践教学环节，引导大学生正确认识中国的基本国情和社会主义建设的客观规律，为大学生培养运用毛泽东思想和中国特色社会主义理论体系的基本立场、主要理论观点和科学方法来分析问题、解决问题的能力，不断增强道路自信、理论自信、制度自信和文化自信，坚定中国特色社会主义理想信念。

基于对"概论"课实践教学必要性和重要性的认识，本课题小组着重以"概论"课实践教学为研究对象，通过不同教学方法、教学模式和教学案例的分析，对"概论"课实践教学进行初步的探索和研究，目的在于提高实践教学备课思路，充实实践教学内容，提高实践教学质量。

一、"概论"课实践教学的目标定位

"概论"课实践教学，重在引导学生积极参与"一主三辅"的实践教学模式，即课堂实践教学为主，校园实践教学、网络实践教学和社会实践教学为辅。通过实践教学活动，达到以下三个相互关联、层层递进的目标：

1. 知识目标：这是实践教学的基础目标。

有人以为，知识目标是课堂理论教学的目标，而不是实践教学的目标，这是一种误解。其实，"概论"课实践教学在以下两个方面巩固并拓展着学生的马克思主义中国化的的知识：其一："概论"课实践教学改变了那种空洞说教、"满堂灌"的教学方法，让学生在现实生活中感受并验证所学知识的正确性，加深对马克思主义中国化理论成果的理解和认同，巩固课堂上所学的理论知识；其二：实践教学使学生接触和体验纷繁复杂的社会现象和社会问题，从而能客观、正确地认识社会，更加坚定在党的领导下走中国特色社会主义道路的理想信念。

2. 能力目标：这是实践教学的重要目标。

实践教学有利于学生能力的锻炼提高是不言而喻的。"概论"课实践教学应注意在以下三方面培养学生能力：一是尊重学生的主体性、自主性，让学生广泛参与实践教学活动的策划、准备和组织，以锻炼学生的创新能力和组织能力等；二是通过"一主三辅"的实践活动，注意培养学生分析和认识中国发展所遇到的各种问题，进一步提高学生独立思考和科学认识、分析复杂社会现象的能力，增强大学生运用理论分析解决问题的能力和在重大政治问题上明辨是非的能力。同时，通过实践教学，也可以使学生把书本理论与社会实践结合起来。三是组织开展各种社会宣传和志愿服务，帮助学生进一步树立服务社会的意识，并使他们不断增强外化于行的能力。这在"概论"课实践教学的能力目标中是最重要的。

3. **素质目标：这是实践教学的核心目标。**

实践教学是大学生了解社会、认识自我的重要途径，也是大学生自我发展、自我完善的重要方法。"概论"课的实践教学，帮助大学生了解中国特色社会主义建设的基本经验和"中国模式"、"中国道路"，进一步树立中国特色社会主义道路自信、制度自信、理论自信，确立科学的世界观、人生观和价值观，提升大学生对中国特色社会主义的"四个自信"，自觉承担起实现中华民族伟大复兴"中国梦"的历史任务。

二、实践教学的主要模式和路径

1. **实践教学的主要模式：**

"一主三辅"的实践教学模式，即课堂实践教学为主，校园实践教学、网络实践教学和社会实践教学为辅。

2. **实践教学的主要路径：**

依据学生参与实践的程度，分为三种类型，即感受型实践教学、体验型实践教学和践履型实践教学。

▪CONTENTS▪目 录

第一章　导论

第一节　思想政治理论课实践教学的概念与基本特征

一、思想政治理论课实践教学的概念

高校思想政治理论课承担着对大学生进行思想政治教育的重任，有助于大学生坚定理想信念，培养他们正确的世界观、人生观和价值观，具有很强的理论性和实践性。《毛泽东思想和中国特色社会主义理论体系概论》（以下简称"概论"，教材简称《概论》）作为大学生的必修课程，是高校思想政治理论课的核心课程之一。开设《毛泽东思想和中国特色社会主义理论体系概论》，是为了使大学生对马克思主义中国化进程中形成的理论成果有更加准确的把握；对中国共产党领导人民进行的革命、建设、改革的历史进程、历史变革、历史成就有更加深刻的认识；对中国共产党在新时代坚持的基本理论、基本路线、基本方略有更加透彻的理解；对运用马克思主义立场、观点和方法认识问题、分析问题和解决问题能力的提升有更加切实的帮助。

如何使"概论"课突出思想政治教育功能，更好地承担起对大学生进行马克思主义理论教育的任务，更加贴近现实以解决学生的实际问题，提高大学生科学分析社会现象和社会问题的能力，关键在于教师的教学方法。只有教学方法运用得当，才能有助于体现课程的价值。

思想政治理论课教学方法是高校思政教师长期思考的问题，教学是教师为完成教学任务而采取的一种具体手段，是整个教学过程中事关成败的重要环节。教学是教与学相统一的活动过程，教学方法不仅是教师教（教授法）的方法，还包括学生学（学习方法）的方法，教授法要依据学习法，否则就会因为缺乏针对性和可行性而达不到理想的预期目的。只有教法与学法二者彼此融合，才能真正使学生获得知识，形成素质能力，达到思想政治教育的目的。

"概论"课作为一门思想政治理论课的必修课程，本书着重以"概论"课实践教学为研究对象，通过不同教学方法、教学模式和教学案例的分析，对"概论"课实践教学进行初步的探索，目的在于提高实践教学备课思路，充实

实践教学内容，提高实践教学质量。

（一）思想政治理论课教学方法分类

作为哲学用语的方法，是指"规定从某一初始条件导引出某一定目标的可能运作体系时，其特定部门的规则体系"。其本质具有五个方面：第一，方法是旨在实现目标的手段；第二，方法是受内容制约的；第三，方法的基础是理论，方法受理论的指导；第四，方法是规则的体系，具有指令性；第五，方法具有结构，它是构成一个体系有计划的一连串行为或操作。

由于社会背景不同、时代和文化氛围不同、研究者研究问题角度不同，所以，中外不同时期教学理论研究者对"教学方法"概念的界定也不尽相同。尽管教学方法的界定存在诸多差异，但是在以下三方面还是有共识的：首先，教学方法要服务于教学目的和教学任务的要求；其次，教学方法是师生双方共同完成教学活动内容的手段；最后，教学方法是教学活动中师生双方行为的体系。

由此得出，教学方法就是教师和学生在一定教学思想指导下，围绕一定的教学目的，通过一定的教学内容，为完成特定的教学任务而应用一定的教学手段、方式所进行的教学活动模式。

思想政治理论课教学方法多种多样，在思想政治理论课教学课时中，一般分为"理论学时"与"实践学时"，由此我们可以将思想政治理论课教学方法分为两大类：一类是传统讲授教学法，是以教师为主体，以讲课为中心，采取大班全程灌输式教学；另一类是实践教学法，是以学生为主体，以实践为中心，以提高学生能力为目标的教学方式。

（二）思想政治理论课传统讲授法

以老师讲授给学生的教学方法，作为一个古老而传统的教学方法，讲授式教学法一直在课堂中普遍采用。

思想政治理论课的传统讲授法有两个特殊优点，即通俗化和直接性。教师的讲授能使深奥、抽象的课本理论知识变成具体形象、浅显通俗的东西，从而排除学生对理论知识的神秘感和畏难情绪，使学习真正成为可能和轻松的事情；思政课的讲授法采取定论的形式直接向学生传递理论知识，避免了认识过程中的许多不必要的曲折和困难，这比学生自己去摸索知识可少走不少弯路。所以，思政课讲授法在传授理论知识方面具有无法取代的简捷和高效两大优点，这也是在思政课堂上传统讲授法长盛不衰的根本原因。

传统讲授法渊源于传统的教师中心论，教师是知识的象征，一切知识得由教师传授给学生，所以，这种方法在运用过程中也容易使教师产生重教轻学的思想。很多思政教师往往只考虑自己怎么讲，怎样讲得全面、细致、深刻、透彻，似乎只有这样，学生才能掌握得越多越好，长此以往，就会使师生产生心理定势，教师不讲就不放心，总觉得不讲学生就学不到东西，于是乎，注入式、满堂灌便应运而生，并愈演愈烈。现实中，很多高校思政教师的授课只是简单的多媒体课件教学，甚至有的教师还沿用原有一本课本、一支粉笔的教学方式，教学手段呆板单一，教学内容滞后，照本宣科、老调重弹，缺乏针对性和时代感，这也是长期以来学生对思想政治理论课厌学的重要原因。而学生呢？也不知不觉地形成了依赖心理，一切问题等待教师来讲解，特别是教师讲得越好，这种期待和依赖心理就越强烈。正是这种期待和依赖心理严重地削弱了学生学习的主动性、独立性和创造性。这是目前很多高校的思想政治理论课课上传统讲授法运用过程中存在的一种相当普遍的病症。

思想政治理论课的传统讲授教学法，虽然能够使学生在较短的时间里掌握学习内容，达到学习目的，但由于学生没有机会自主学习、自主探究，不能通过独立思考而获得知识，从而限制了创造性的发挥。因此，这种传统讲授法必须注意与其他教学法的融合。

（三）思想政治理论课实践教学法

思想政治理论课实践教学法是相对于理论教学而言，具体是指在思政课教学过程中，运用案例分析、情境模拟、任务驱动等多种教学方法，密切联系实际，将概念化、抽象化的理论知识，通过学生参与的一系列实践活动，最终转化为学生自身拥有实践能力的一种教学方式。思想政治理论课实践教学目的在于引导学生将书本上的理论知识内化于心，外化于行，达到"知、情、意、信、行"的转化，它是巩固理论知识和加深对理论知识理解和掌握的有效途径，是传统理论教学方法的有效补充，也是培养学生创新能力和综合实践能力的关键环节。

目前，各高校开设了思政课的实践教学，但存在形式主义现象，轻视教学效果的实践活动与思政课实践教学目标相差甚远，缺乏相应的目的性和有效的针对性。有的院校重视程度不够，甚至出现压缩和削减实践教学课时，使得教师组织开展实践教学的时间不足；而且思政课通常都是大班或中班授课，人员较多，使得每个学生参与到实践教学中的可能性小，尤其是在参与社会实践方面，这样使得实践教学很难得以顺利开展。另外，学生对思政课实践教学的重视程度也不够，在他们看来思政课本身就没有专业课有用，他们想获取的是更多的专业技能，而参与思政课的实践教学，无疑是在浪费时间和精力，正是对思政课有着这样的偏见和轻视，对思政课实践教学的认知不足，使得他们参与实践教学的热情并不高。所以，加强思想政治理论课实践教学，是高职院校思政课教改的重中之重，势在必行。

如何通过实践教学让高校思政课活起来火起来？

1. 积极丰富载体，利用四个课堂。

一是坚持校内课堂。高校思政课实践教学必须立足校内，坚持校内开展为主和面向全体学生。二是重视社会课堂。学生只有走进社会才能有效做到理论联系实际，切实加深对理论的深刻理解和掌握。三是拓展网络课堂。要充分利用新媒体，积极开展主题宣传、网上调查、专题讨论、拍摄制作网络微视频等。四是发掘心灵课堂。充分发挥学生的主体作用，组织学生在课内外就思政课相关教学内容进行内心反思、言行自省、情感激发和心灵感悟等。

2. 勇于改革创新，拓展七种形式。

一是讨论类。主要包括课堂讨论、演讲辩论、案例分析等。做好这类实践教学要求教师在讨论主题设计时遵循理论联系实际的基本原则，紧紧围绕教材的重点和难点问题、重大理论和现实问题以及学生关心的热点和焦点问题。二是观感类：主要包括校内外参观考察、听专题报告，撰写观后感、读后感等。三是研读类：主要包括让学生利用课余时间研读一些马克思主义经典著作、时事政策等，让学生通过自主学习去深入思考和理解掌握课程内容。四是竞赛类：主要包括知识竞赛、歌咏大赛等，让学生在参与各级各类竞赛中加深对课程知识的理解和理论的认同。五是实践类：主要包括专题调研、人物访谈、政策宣讲等，让学生在广阔的社会中自我教育、自我管理、自我完善、自我提高。六是展演类：主要包括总结汇报、实践成果展示、文艺汇演等，让学生把在一定时期内思考、研读、调研的问题或排练的节目在一定范围汇报展示出来。七是反思类：主要包括热点分析、历史追忆、现实观照等，主要是让学生通过心与心的交流和情与情的碰撞，达到情感的升华和信念的坚定。

3. 注意实施策略，做到四个结合。

一是坚持实践教学和专业结合。对不同的专业要灵活采取不同的实践教学内容、载体和形式。二是坚持实践教学和课程结合。思政课实践教学的内容必须和不同的课程理论教学内容相结合。三是坚持实践教学和现实结合。思政课实践教学必须坚持"四个服务"，做到"四个坚持不懈"，必须高度关注社会现实、社会热点和时代脉搏。四是坚持实践教学和学生结合。思政课实践教学既要注重理论指导、思想引领、载体丰富和形式多彩，也要注重贴近学生的思想和行为实际，解决学生的一些思想和实际问题。

二、思想政治理论课实践教学的基本特征

思想政治理论课实践教学有多种类型，每种类型虽各有特点，但是也存在一些共同特征，归纳起来大致如下：

1. 实践性

高校思政课的教学目的在于使学生真正接受和形成马克思主义的世界观，并且通过他们处理实际问题的行动表现出来。实践教学提供的真实情境恰恰有助于学生运用马克思主义的理论指导他们研究现实、解决问题。

当代大学生生活在社会主义市场经济和对外开放的条件下，接触新事物多，信息面广，思维敏捷，在学校学习过程中已不满足于单一的课堂讲授形式，喜欢新的教学形式和手段，希望有直观生动的教学环节，希望能有自己参与的教学模式。实践教学恰恰由于形式多样，方法灵活，效果直观，感染力强受到学生欢迎。高校思政课充分利用课堂进行实践教学，开展课件制作、主题讨论、辩论澄清、案例分析、问题研讨、时事评议、演讲辩论等活动，让学生登台唱主角，锻炼书面和口头表达能力；为了弥补课堂实践活动不能人人参与的缺陷，同时促进学生自主发现问题、独立思考和分析问题能力的培养，思政课还设计相应的课后校内实践活动，如开展学生网络资源共建、自编小报、影视观看、听报告、校园文化活动、社团活动等；为了帮助学生直接了解社会、融入社会，提高学生的社会交际能力、组织协调能力、逻辑思维能力，思政课还要开展社会实践活动，如红色之旅、社会考察、社会调查、参观访问等以体验社会为目的的校外社会实践和社会调研活动。进一步通过理论与实践相结合的教学，使思政课成为大学生真学、真懂、真用、终生受益的理论教育课。

2. 开放性

与传统讲授式以书本和教师为中心的封闭型教学相比，实践教学在教学目

标、教学内容和教学方法上更加具有开放性。

实践教学在设定教学目标上不仅包括传统的知识目标、能力目标和情感目标，还构建了灵活的反映社会需求和学科自身本质特征以及学生个性发展的全面的课程目标体系，最终形成思政课程和课程思政的大思政格局。

实践教学在教学的内容上也不再受教材章节的束缚，而是多种信息资源交叉的综合运用。既有思想政治理论知识，更多的涉及多学科、多领域，内与外、纵与横；动与静、祥与略……使教学内容成为既能拓宽学生知识能力，又能提高学生认识问题、分析问题和解决问题的能力的"良田沃土"。

教学方法上实践教学注重以学生为中心，围绕学生组织开展教学，激发学生学习热情，使学生勤于思考，发挥自身主观能动性，达到提高学习素养和创新能力的目的。甚至实践教学需要学生走出课堂，走出教室，从而使学习空间达到开放。

3. 灵活性

历史经验告诉我们：教师的课堂教学方法不能简单划一，灵活多变、适应学生实际情况和教师个性特征的教学方法，才能有高效的课堂。

因材施教永远是必须坚持的教学原则。体现在教学方法上就是"因课定法、因生定法、因师定法、因材定法"，即"教无定法，贵在得法"，在实践教学中还要强调"教要多法"。教师根据教学内容和学生实际灵活地选择适合的教学方法，从而收到良好的教学效果。

实践教学方法多种多样，为教师的灵活选择提供了可能。课堂教学中，教师可以灵活地运用讨论式、辩论式、专题式等多种教学方法，让学生参与到教学环节中，使理论具体化，观点问题化，过程互动化，构建起"教"与"学"的良性互动平台。

实践教学的灵活性不仅体现在课堂教学方法上，还体现在时间和空间上的灵活多变。高校思想政治工作具有整体性，课堂教学是高校思想政治工作的主渠道，但并不局限于此，随着学生多样化的发展需求，可以充分利用现代新媒体技术，通过微电影、慕课、微课、微信公众号、手机APP等形式使课上课下和线上线下融为一体，形成课堂、网络、实践三结合的立体化教学，与学校"大思政"工作格局紧密联动。

第二节 思想政治理论课的实践教学与理论教学的关系

一、思想政治理论课中的实践教学要以理论教学为基础

思想政治理论课中，理论知识是实践教学的指南针，指引着实践教学正确的方向，同时为实践活动中产生的现象带来正确合理的理论及依据。

马克思主义理论是完整的科学体系，是党的指导思想，是社会主义核心价值体系的指导和核心。马克思主义自诞生至今已有一百七十余年的历史。一百七十多年来，它不断丰富和发展，根源在于其严密的科学性，在于它符合自然和人类社会存在和发展的规律，并指引着人类社会的发展方向。

作为世界观和方法论，马克思主义指导人们怎样正确地认识、改造自然和人类社会（辩证唯物主义和历史唯物主义），帮助人们自觉确立正确的世界观、人生观、价值观，确立对社会主义和共产主义的信仰，明确共产主义的奋斗方向。因此，在工具层面上，它教给我们方法去认识和改造自然和人类社会；在价值层面上，它引导我们主动追求大公无私、奉献他人和社会的崇高道德境界；在政治层面，它以正确的理论和不争的事实彻底地说服我们信仰社会主义和共产主义，坚定地选择社会主义的政治立场。

中国特色社会主义理论体系，是中国共产党在改革开放和社会主义现代化建设实践中，在不断解放思想、实事求是、与时俱进、求真务实的进程中创立和发展起来的，是以马克思主义世界观方法论为指导，坚持了马克思主义基本原理，体现了马克思主义的立场、观点和方法，与马克思主义是一脉相承的社会主义思想体系。是中国共产党的理论创新。必将在新时期创新型实践中得到开创和不断发展。

而这些理论知识只有通过教师的理论教学，通过由外向内的系统性的知识传授，学生才能够接受的科学理论、观点和方法。没有系统性的理论教学，实践教学就没有基础，就会成为无源之水、无本之木，必将走向放任主义。

二、要提高思想政治理论课的实效性，必须加强实践教学环节

在高校思想政治理论课教学中，理论教学是主要的教学形式，但是实现教学目的只有理论教学是远远不够的。实践教学是可以帮助完成教学目的的另一种教学形式，它的地位和作用是理论教学所不能替代的，它能够使学生在学习理论的过程中更加深刻地理解理论依据，同时使其在理论创新活动中拥有经验素材。在现代教学中，对学生的理论教学基本要求中就包括了实践能力。加强实践教学既是对中共中央精神的贯彻，又契合高校人才培养目标的指向。

首先，加强思政课实践教学符合马克思主义的科学实践观。

理论与实践的结合是马克思主义的本质特征，所以，思政课的教学工作也要坚持理论与实践相结合的原则，思政课教师既承担着课堂上的理论传授任务，同时又要引导学生通过社会实践检验理论，以达到真正掌握、认同理论的目的。

其次，加强思政课实践教学符合"以学生为本"的教育理念。

现代教育理论强调"以学生为本"，教师在传授学生理论知识的同时，更应该注重教育、引导学生运用已学的知识去分析、解决生活中的实际问题，在实践中探索未知。这样既调动了学生学习的积极性，又满足了学生的求知、探索的欲望，提高了学生对思政课的认同感。可见，本着"以学生为本"的教育思想，思政课的教学必须加强实践教学，更多地融入以实践活动为载体的创新教学。

最后，加强思政课实践教学是思政课走出困境的必由之路。

高职思政课的教学作为提高大学生思想品德和道德修养的主渠道，本身就具有很强的实践性。但长期以来形成的思想政治教学模式倡导"教师主体"、奉行"单向灌输"、强调理论学习，实践证明，这样的思政课教学模式极易造成空洞理论与现实生活的脱节，使学生感到思政课讲的都是大道理，与现实生活毫不搭界，必然导致思政课教学的实效性长期得不到提高。

三、理论教学和实践教学两者紧密结合，构成一个体系

理论教学和实践教学都是大学教育中不可缺少的部分，符合马克思主义哲学关于理论与实践关系的基本观点。理论教学应该在实践教学的支持下进行，促进学生对理论的理解，不只是枯燥的宣讲；实践教学也不仅仅是按照实践大

纲表面形式的操作，而是抱着印证理论、运用理论知识的目的去实践。

高校思想政治课是引导大学生坚定中国特色社会主义理想信念、掌握马克思主义科学理论和科学方法的重要途经，是开展大学生思想教育的主课堂、主渠道，承担着立德树人的重任。理论教学和实践教学是高校思想政治理论课教学的两种基本的教学形式，都是为实现思政课教学目的，培养学生树立正确的世界观、人生观和价值观所采用的教学形式，二者既相互独立，又密切联系，相互促进。

在思想政治理论课教学中，理论教学是基础，实践教学是对理论教学的强化和巩固，二者实现的教学目的是一致的。理论教学的内容是人类全部社会实践的总结，它引导学生树立正确的世界观、人生观和价值观。学生日常生活实践及社会生产实践等都可以为学生提供经验支持，学生以往的实践生活也发挥着基础性作用。实践教学的主要作用在于强化学生对理论知识的理解和思考，是对理论知识及以往实践内容的内化和补充，并由此实践上升为下一个更高的实践，是递进了的实践。

理论教学是对人类经过长期认识世界积累的经验知识的表达，实践教学是人们能动地改造世界的活动，既有人类生产生活的活动，也有人类改造自然以及进行科学实验的活动等。理论知识由教师采用相应的教学方法传导和教化给大学生，又以大学生的入耳、入脑、入心、真听、真信、真做来检验教学成果，所以，理论教学与实践教学相结合是大学生思想政治理论教学的必然要求。

第三节　思想政治理论课实践教学的研究背景和意义

一、实践教学的研究背景

1. 我国教学方法研究的历史沿革

我国的教学方法体系形成于建国初期，教学方法的研究和探索也经历了单纯的模仿借鉴苏联的教学方法体系逐渐走向独立的教学方法体系的曲折过程。教学方法的变化与发展大致可以分为四个时期：

（1）借鉴探索时期（1949-1965）

新中国成立伊始，百业待兴，教育事业刚起步，教学方法的基础薄弱，相关研究尚未大规模开展。

国际上，两大阵营对立，苏联作为社会主义阵营的领导者，各方面发展迅速，一方面由于我们党在建设社会主义方面缺少经验，而苏联在这一方面具有成功的经验；另一方面，为了创造稳定的国内发展环境，巩固政权，促进经济的恢复发展，我国采取了"一边倒"的对外政策，在各个领域开启了模仿学习苏联的模式，教学方法方面也不例外，学习苏联教学方法的理论学说成为新中国教学方法研究的发端。

1949年12月，第一次全国教育工作会议提出，为了培养新制度和新社会所需的新人才，要在总结、继承老根据地和解放区教学经验的基础上借助苏联的教学经验及方法，将其作为建设新教育的方向。从建国初翻译苏联教学方法书目的数量就可见一斑，据不完全统计，1956年之前，翻译苏联教学方法数目占到总体数量的53%，成为学习苏联的最高峰。其中凯洛夫的"五环节课堂教学法"，即组织教学、复习旧课、讲解新课、小结、布置作业成为建国初期教学方法的标准范式。同时，邀请苏联教育学者来华任教讲学，引进苏联教育学说填补了当时我国缺少社会主义教学方法理论这一空白，为后期立足本土文化传统和教学实践推进教学方法研究奠定了学理基础。在借鉴前苏联教学方法的基础上，通过广大教育工作者的不断实践和探索，初步形成了一套教学方法体系，这就是我们所说的传统教学法。

在模仿学习中出现了"拿来主义"，认为苏联的就是先进的，出现了脱离实际及教条主义的现象。我国研究者在将苏联教学方法运用到教学实践的过程中逐渐遭遇各类食"苏"不化问题，发现了苏联教学方法存在程序性强但理论性偏弱、教条性强但灵活性不足等问题，随着苏共二十大召开，让我们意识到苏联的经验并不是那么完美，开始立足国情探索本土教学方法。

在与苏联的关系渐行渐远中，我国教育界开始意识到这种机械照搬的弊端，教学方法的改革就进入了与本土教学实际相结合的探索阶段，教学方法逐渐破除对苏联教学方法的迷信，克服之前不顾实际的"拿来主义"和"教条主义"，在这一阶段精讲多练、启发式教学法等教学方法的改革实验得到广泛开展；提倡"科学实验，反对一味模仿"。在学习模仿走向独立的过程中，我国教育界开始将心理学理论引入教学实践，指导教学方法，这在教学方法的科学化发展道路上具有重要的意义。

1958年中共中央、国务院《关于教育工作的指示》提出了"教育与生产劳动相结合"的方针，倡导"开门办学""上山下乡"等以劳动为导向的教学方法，虽然突出了生活化和生产化，但由于部分学校安排的劳动活动过多，严重影响了正常教学秩序。随后，"教育大革命"和"文化大革命"的先后开展对教学方法理论研究造成了严重干扰，系统的实验探索也被迫中断。

（2）破坏停滞时期（1966-1976）

1966年至1976年十年文革时期，这一时期最为显著的特点是，政治第一，阶级斗争为纲，政治成为决定一切的因素。这同样也渗透到教学方法的发展之中，教学方法的发展具有浓厚的政治性色彩。一些教学方法实验的带头人被扣上了反动学术权威、修正主义分子的帽子，教育受到极大摧残，教学方法研究在曲折中前行。同时，受政治运动的影响，教学方法书目大量减少，教学方法的发展中断。

（3）重建开放时期（1977—2000年）

十一届三中全会重新确立了教育的战略地位，我国迎来教育事业发展的黄金时期，社会经济文化发展急需大量人才的现实要求呼唤着教学方法研究的勃兴，改革开放的春风为教学方法研究提供了宽松的环境与合适的土壤，教学方法领域呈现出欣欣向荣的新气象。学界通过创办《外国教育》《外国教育动态》等杂志作为发表载体，并翻译出版一系列国外相关著作，全面引介国际知名的教学方法新兴流派及理论学说。改革开放前十年，引介的国外教学方法学说就达十余种之多。

自20世纪70年代末以来，我国研究者在学习国外教学方法理论的基础上，结合本土教学实际积极探索，在开放中变革，以开放促发展，教学方法研究的实验热潮再次掀起。至20世纪末，主题各异的教学方法实验突破了学科范畴，发展成为理论体系，取得了一批有价值、有影响的研究成果，呈现出百花齐放的繁荣景象。

（4）发展创新时期（2000年以来）

2001年《基础教育课程改革纲要（试行）》拉开了21世纪教育改革的大幕。素质教育的全面推进要求教学方法以学生为主体和中心、主动参与、探究发现、合作交流，"注重培养学生的独立性和自主性，引导学生质疑、调查、探究"。2014年，《教育部关于全面深化课程改革落实立德树人根本任务的意见》指出，在推广自主、合作、探究的学习方法以及启发、讨论、参与的教学方法的同时，应当充分利用现代信息技术手段改进教学方法，适应学生个性化学习需求。2016年《中国学生发展核心素养》总体框架颁布，教学方法研究聚焦学生核心素养的培养，"从讲授主导型走向发展主导型"，具体表现为"由抽象知识转向具体情境，注重营造学习情境的真实性；由知识中心转向素养中心，培养学生形成高于学科知识的学科素养；由教师中心转向学生中心，促进学生主动学习和合作学习的意识与能力"，以生为本的人文化成为教学方法研究的变革趋势。在此背景下，教学方法研究的内容不断更新与丰富，无论广度和深度都表现出批判与突破、传承与创新的多维发展态势。

随着信息社会的到来和改革的不断深入，社会对人才市场的需求条件也越来越高，现代人除掌握快速变化的专业能力外，还必须具备较强的方法能力、社会能力和创新精神。在高等学校教育中，传统的灌输式教学方法显然已不适应这种能力本位的人才选择的机制了。同时，我国高教大众化对高校的教学方法提出了很大的挑战。因此，近年来，关于教学方法的改革，尤其是思想政治理论课教学方法越来越成为实践中教学改革的重要内容。

2. 思想政治理论课实践教学的顶层设计

实践育人是基于实践的观点形成的育人理念，是马克思主义认识论在思想政治教育中的重要体现。近些年来，党和国家将实践教学作为大学生成长的统一要求，通过抽象表达，指出了宏观和长远利益。思想政治理论课教学改革的通过"顶层设计"，明确指出了课堂教学是主渠道，实践教学是有效补充，强化实践教学，使之与课堂教学相互促进，这就为高校思想政治理论课实践教学改革设计了改革蓝图、明确了改革方向。由此看出，开展思政课实践教学既是贯彻中央精神的要求，也是提高思政课教学实效性和针对性的突破口。

2004年，中共中央国务院在《关于进一步加强和改进大学生思想政治教育的意见》中指出："社会实践是大学生思想政治教育的重要环节，要建立大学生社会实践保障体系，探索实践育人的长效机制"。

2005年，中共中央宣传部、教育部在《关于进一步加强和改进高等学校思想政治理论课的意见》中指出："高等学校政治理论课所有课程都要加强实践环节，要建立和完善实践教学保障机制，探索实践教学的长效机制"。

2008年《中共中央宣传部 教育部关于进一步加强高等学校思想政治理论课教师队伍建设的意见》（教社科[2008]5号2008.9.23）文第17条明确要求"要从本科思想政治理论课现有学分中划出2个学分、从专科思想政治理论课现有学分中划出1个学分开展本专科思想政治理论课实践教学"

2011年2月教育部制定的《高等学校思政课建设标准》中提出"实践教学纳入教学计划，落实学分、教学内容、指导教师和专项经费；建立相对稳定的校外实践教学基地；实践教学覆盖大多数学生"。

党的十八大报告明确指出"着力提高教育质量，培养学生社会责任感、创新精神、实践能力"。

2012年教育部等部门在1号文件：《关于进一步加强高校实践育人工作的若干意见》中指出："实践教学是学校教学工作的重要组成部分，是深化课堂教学的重要环节，是学生获取、掌握知识的重要途径。""进一步加强高校实践育人工作，是全面落实党的教育方针，把社会主义核心价值体系贯穿于国民教育全过程，深入实施素质教育，大力提高高等教育质量的必然要求。"

2015年中宣部、教育部印发了《普通高校思想政治课建设体系创新计划》提出："坚持理论实际相结合，注重发挥实践环节的育人功能，创新推动学生实践教学和教师实践研修。""培育推广优秀教学方法，统筹课堂教学、实践教学、网络教学建设，充分发挥课堂教学的主渠道作用和实践教学、网络教学的有效补充作用。"教育部印发的《高等学校思想政治理论课建设标准》对教学管理中的实践教学有明确规定：实践教学纳入教学计划，统筹思想政治理论课各门课的实践教学、落实学分、教学内容、指导教师和专项经费。实践教学覆盖全体学生，建立相对稳定的校外实践教学基地。

2016年12月，习近平总书记在全国高校思想政治工作会议中强调，高校思想政治工作关系高校培养什么样的人，如何培养人以及为谁培养人的根本问题。指出："要用好课堂教学这个主渠道，思想政治理论课要坚持在改进中加强。""要更加注重以文化育人，广泛开展文明校园创建，开展形式多样、健康向上、格调高雅的校园文化活动，广泛开展各类社会实践。"

为贯彻落实习总书记在全国高校思想政治工作会议的讲话精神，打一场提高高校思政课质量和水平的攻坚战，增强大学生对思政课的获得感，教育部将2017年定为"高校思想政治理论课教学质量年"。同时布置了具体的改革方向，即以教材、教师、教学建设为突破口，以"师资攻坚""教材攻坚""教法攻坚"改革为途径，努力使思政课教学达到"有虚有实，有棱有角，有情有义，有滋有味"，进一步提升学生对思政课的获得感。

党的十九大报告指出："要全面贯彻党的教育方针，落实立德树人根本任务，发展素质教育，推进教育公平，培养德智体美全面发展的社会主义建设者和接班人。""以培养担当民族复兴大任的时代新人为着眼点，强化教育引导、实践养成、制度保障，发挥社会主义核心价值观对国民教育、精神文明创建、精神文化产品创作生产传播的引领作用，把社会主义核心价值观融入社会发展各方面，转化为人们的情感认同和行为习惯。"为高校思想政治理论课建设指明了方向，加强思政课实践教学对于适应高校人才培养工作需要和思政课教学效果具有重要作用。

2019年3月，习近平总书记在北京主持召开的学校思想政治理论课教师座谈会上再次发表重要讲话，"推动思想政治理论课改革创新，要不断增强思政课的思想性、理论性和亲和力、针对性"。习近平总书记明确提出了推动思政课改革创新的重要目标，深入阐释了必须坚持的重要原则，为推动思政课改革创新指明了方向和路径，对于在新时代更好贯彻党的教育方针、落实立德树人根本任务具有重大意义。

习近平总书记明确提出，着力推动思政课改革创新，就要深刻把握"八个相统一": 坚持政治性和学理性相统一, 坚持价值性和知识性相统一, 坚持建设性和批判性相统一, 坚持理论性和实践性相统一, 坚持统一性和多样性相统一, 坚持主导性和主体性相统一, 坚持灌输性和启发性相统一, 坚持显性教育和隐性教育相统一。这"八个相统一", 是思政课建设长期以来形成的一系列规律性认识和成功经验的科学概括, 是推动思政课改革创新的重要原则。这"八个相统一", 直面思政课建设过程中的重大问题和广大教师关心的热点问题, 从理论与实践相结合上作出了深刻回答, 是不断增强思政课思想性、理论性和亲和力、针对性的关键所在。

二、思想政治理论课实践教学的意义

高校思想政治理论课是一门既具有较强理论性、又具有较强实践性的课程。高校思政课必须强化实践教学, 使思政课教学由知识传授、理论教育的过程深化为能力提升、价值认同和信仰坚定的过程, 从而达到"知、情、意、行"的统一。也只有这样, 高校思政课才能活起来、火起来, 才能真正使学生真心喜爱、终身受益、毕生难忘。

1. 高校思想政治理论课实践教学是坚定大学生正确的理想信念需要

思想政治理论课实践教学立足于帮助大学生树立正确的世界观、人生观、价值观, 以提升大学生思想素质、道德素质、法律素质和政治素质为目的, 以马列主义、毛泽东思想、邓小平理论和"三个代表"重要思想、科学发展观和习近平新时代中国特色社会主义思想为指导, 以培养具有良好规则意识的社会人、职业人为主线, 努力增强学生的知识运用能力、提高学生的社会合理认知能力, 以进一步提升学生的职业素养。对于"思政课"教学而言, 如果纯粹从理论到理论, 即便你把教学内容设计得很精彩, 也很难真正进入学生的头脑。原因很简单, 一个人思想的转变, 乃至于世界观、人生观、价值观的形成, 需要在思想实践和道德实践中不断思考、慢慢积淀。

当前, 西方思想文化、社会复杂现象、网络媒体等都对大学生的信仰带来了巨大的冲击和影响, 在一些学生中出现了拜金主义、利己主义、享乐主义等现象, 而坚定正确的理想信念是克制诱惑的法宝, 这就更需要作为高校思政工作主渠道和主阵地的思政课教学适应新形势的发展, 广泛开展实践教学, 让学生在实践中正确认识社会思想意识中的主流和支流, 在错综复杂的社会现象中看清本质、明确方向。通过实践活动，让学生加深对自己所学理论知识的理解，切身体验社会生活、感受理想与现实的差距，引导学生运用马克思主义的立场、观点和方法来分析我国社会转型时期出现的新情况、新现象，树立起强大的民族自信心和自豪感，确立建设有中国特色社会主义的理想信念，自觉坚持党的基本理论、基本路线和基本纲领，为祖国的繁荣富强，为中华民族的伟大复兴做出自己应有的贡献。

2. 高校思想政治理论课实践教学是增强思政课教学吸引力的需要

长期以来，思政课的上法传统、古板，枯燥乏味、照本宣科的教学模式，让思想政治课成为大学课堂上"犯困率"最高的公共课之一，欲逃怕点名、欲睡怕答题，学生往往处于"来了也不听"的神游状态。一个PPT能给不同的学生讲几年都不变，这样的课令多数学生上课时提不起兴趣。

"思政课如何赢得青年"是当下思政教师反复思考的实践问题。习近平总书记曾强调要"因事而化、因时而进、因势而新"。与时俱进、敢于创新，才能增强思政教育的吸引力和感染力，否则只会陷入模式化、概念化。为了讲好思政课，提升课堂效果，增强思政课教学吸引力，很多高校都在探索将一些新的教学方式和新的技术手段引入思政课堂。在线课程、智慧课堂、问题链探究、混合式教学、情景剧体验、微电影导学、选修课创设等实践教学，都对思政课教学改革产生了新推动，让教学生动起来的同时，也满足了学生对思政课程改革的期待。

2018年全国两会期间，教育部领导同志在谈到高校思政课的变化时，讲述了调研中的新发现：根据抽样调查，有超过91%的学生认为从思政课上得到启迪，91.8%的学生喜欢思政课老师；一些思政课作为慕课推上网络，受到全社会喜爱，产生了积极影响。

3. 高校思想政治理论课实践教学是大学生全面发展的需要

人的全面发展观是马克思主义哲学的重要组成部分，也是我国发展社会主义事业的重要理论基础。在教育的诸多内容中，思想政治教育不仅是全面发展教育的重要组成部分，更是全面发展教育的一股强大推动力，它始终保持着人全面发展的各个方向。思政实践教学就是按照高等教育培养目标的要求，让学生有目的有计划地深入现实社会，参与具体的社会生活，以了解社会、增长知识、提升自身素质和树立正确社会意识、信念的过程。它对大学生全面发展有着举足轻重的作用。

首先，思政课实践教学能增强大学生社会适应能力。思政课实践教学具有激励性，为学生提供了一种强大的精神内驱力和实践动力，为学生主动接触社会提供了一个有效的平台。由于具有主动性，使得学生能主动了解社会，服务社会，发现自身的价值。实践活动还能使大学生在解决问题、与人相处时清醒地看到自己的缺点和不足，从而重新调整、完善自己，增强社会适应力。

其次，思政课实践教学能够促进大学生良好的道德品质的养成。道德品质由道德认识、道德情感、道德意志和道德行为四个要素组成，即知、情、意、行。从知、情、意、行的养成来看，行为实践具有基础性的作用。行为实践可以检验认识、加深体验、培养情感、锻炼意志、形成行为习惯。没有行为实践的锻炼任何良好的道德品质都不可能养成。因此，引入实践教学形式是促进大学生良好道德品质养成的重要途径。

再次，思政课实践教学能够培养大学生的创新能力。在知识经济时代，社会的发展最终决定于获得和掌握知识的人的创新精神和实践能力。社会实践是知识创新的重要载体，因为它提供了经验、技能、人际交往能力等知识向大学生转移的平台。大学生通过社会实践可更理解、消化、巩固和丰富在课堂上学到的知识，使抽象的理论知识转化为具体的实践行动，并在实践活动中发现问题、解决问题，推动创新。

第二章　《毛泽东思想和中国特色社会主义理论体系概论》实践教学的现状分析与对策

　　大学思政课实践教学是思想政治教育的重要组成部分，它最重要的目的是提升思政课的吸引力，提高思政课的教学效果，使学生对思政课内容内化于心、外化于行，最终提高其思想政治素质。对思政课现状的分析，特别是对目前《毛泽东思想和中国特色社会主义理论体系概论》这门课中存在的实践教学情况的分析，有助于思政教师明确该实践教学的重要意义，明确如何对实践教学进行改革，如何真正发挥思政课实践教学的重要作用。

第一节　《毛泽东思想和中国特色社会主义理论体系概论》实践教学现状分析

实践教学是理论教学的拓展和补充，也是促使学生由认知转化为行动的重要途径和有力手段。对高职院校来说，思政课实践教学意义尤其重大。与普通院校相比，职业性、实践性是高职院校的显著特点，在实践中体认理论、内化思想、升华境界，是高职院校思政课教学实效性达成的不二选择。而由思想到行为的转化又离不开心理机制的中介。因此，高职院校只有高度重视实践教学，重视心理机制在实践教学中的贯彻实施，重视职业实践与思政实践的高度整合，才能提升思政课教育质量和水平，进而达成立德树人的培养目标。

目前，无论本科院校还是高职院校都把实践教学纳入到了思政课教学整体计划之中。从国家层面来讲，教育部2018年出台了《新时代高校思想政治理论课教学工作基本要求》，其中对思政课实践教学所占学分进行了规定，即从本科思政课现有学分中划出2个学分，从高职思政课现有学分中划出1个学分，开展思政课实践教学。为了落实思政课实践教学，各高校纷纷投入人力、物力，建立校内实践基地，联系校外实践基地，也进行了初步实践形式的创新和运用。总体来讲，各高校在思政课实践教学方面取得了很大成绩，使国家对实践教学的要求初步落地。

第一，部分高校按照相关要求探索了在现有条件下，充分利用高新技术开发区、大学科技园、城市社区、农村乡镇、工矿企业、爱国主义教育场所等，建立多种形式的社会实践、创业实习基地。有条件的高校还在校内建立了与思政实践教学相关的场所和基地。

以天津现代职业技术学院为例，学校和天津市多家爱国主义教育场所，如周邓纪念馆、觉悟社、时代记忆等，以及西双塘等农村乡镇建立实践教学基地，定期带领学生到这些地方进行实践教学。同时，学校还与海河教育园区管委会在园区内联合打造了5000平米的"天津海河教育园区思想政治教育实践基地"，面向园区高职院校教师和学生进行实践教学的学习和研究。

第二，各高校还结合实际，开展多种多样的社会调查、生产劳动、社会公益、志愿服务等社会实践活动。如：教师结合专业带领学生进入社区街道为居民提供相关的服务，从而培养学生为人民服务的思想；暑期组织学生到农村进行生产劳动、社会调查等。

第三，有的地方还成立了思政教育协同创新中心，联合各地区各高校共同研究和落实思政课创新机制，其中也包括实践教学的创新和运用。但是，由于多方面原因，思政课实践教学，特别是针对《毛泽东思想和中国特色社会主义理论体系概论》这门课的实践教学还是存在一些问题，这些问题有的是普遍的，也有的是特别的；有主观因素，也有客观因素。只有充分认识这些问题，解决这些问题，才能真正把思政课实践教学落实到实处。这些问题主要包括：

一、对思政课实践教学的重要性认识不够，重视程度不足

第一，无论学校管理部门还是教师个体都应当充分认识思政课实践教学的重要性，在行政工作、教学工作中对实践教学要详细规划、整体布局、协调推进、全面落实。可是，在实践中，由于受到理论教学"惯性"的影响，很多人，包括部分思政教师在内仍然认为，思政课主要还是教师在课堂上讲，学生在下面听的单向教学模式。对于实践教学的重要作用，很多人并没有认识清楚。在包括有社会人员、教师、学生参加的一项调查中发现，有将近91%的人仍然认为思政课给人的印象就是单板的单向教学模式。

思政课印象100人调查

认为思政课就是老师在教室中讲，学生在课堂上听占91%

由此可见，如果学校行政部门、思政教师对思政课教学形式主观意识上认识不清的话，实践教学就很难推广开来。

第二，有的教师对实践教学的作用认识是清晰的，但是由于实施实践教学需要单独备课和进行教学设计，单独制作教案和组织学生参加实践，他们认

为这是无辜加重了教师的负担，费时费力，不如在课堂上讲一讲结束课程来得省事。这种"惰性"使很多教师囿于理论教学，对于课堂上的理论讲授乐此不疲，而对实践教学敬而远之，形式应付。

第三，实践教学理念认识欠缺，未能更好体现学生需要。传统的《毛泽东思想和中国特色社会主义理论体系概论》重视对学生授理论知识，忽视学生的实践感受、良好行为习惯和能力的培养，较少关注学生对学习内容的"践行"，形成了"以教师为主体、以教材为中心、以课堂为平台"灌输式教育的格局。这种教学理念严重制约了思想政治教育在培养社会需要的高素质人才和创新型人才的作用。当前高校在实施思政课实践教学时，出现两种倾向：一是在课堂实践教学上，灌输仍然是部分教师的主要教学模式，陈旧和过时的教学资源，学生实际情况脱节的问题设计，很难与学生产生思想上的共鸣，禁锢了学生思维的发散性和创造性，无法激发学生对实践教学的学习兴趣。二是在课外实践教学上，实践活动主要是课堂专题讨论、调查报告、参观考察、教学基地实习等形式。没有充分利用校外、社会、网络等各类资源，以教学内容和教学目标为依据，选择适合学生的行之有效的实践教学形式。

第四，从学生角度来讲，他们对思政课的固有印象就是课堂讲授，老师枯燥无味地教授理论，吸引不了他们的抬头率，从而延伸到对实践课也没有太大兴趣。另外，很多学生虽然热衷于参加实践课，但是其目的只是把实践教学当作游玩、游戏，热闹一场，却无法从中学习到应该学到的知识，达不到应有的教学效果。

二、实践教学组织管理机制现状

实践教学是指为完成相应的教学目标，以实践活动为载体，以学生获得直接经验为目的，以实际操作、获取知识、认识分析解决问题、锻炼能力为主要内容的教学方式。新时代思想政治教育面临的是一个全新的环境，为了让学生更好的掌握知识，提升思政课教学的实效性，各高校对思想政治政治理论课开展实践教学，社会全方位的重新整合与结构调整，本质地要求思想政治理论课也必须不断优化自身机制，而《毛泽东思想和中国特色社会主义理论体系概论》作为一门思政必修课，也需要建立相应的实践教学组织管理机制。而目前现有的组织管理机制并不能够很好的适应《毛泽东思想和中国特色社会主义理论体系概论》实践教学的需要。

第一，实践教学组织管理制度不够规范，未能满足整体要求。《毛泽东思想和中国特色社会主义理论体系概论》实践教学是一项综合性系统工程，需要学校各个部门配合和有力的制度保障。当前我国思想政治理论课实践教学在管理组织机制有效性上略显不足。一是各科教师在组织学生实践教学活动时缺乏有效的沟通与交流，浪费了教学资源，弱化了思政课实践教学的系统性、层次性和有效性。二是做好思政课实践教学，既要课前认真备课、计划详实，还需要与学校主管领导、教务处（科）、学生处（科）等相关管理部门在安排参与人员、实践场所、经费使用和人身安全保障等多方面的问题进行协调沟通，共同配合完成。但部分学校对思政课实践教学的管理在领导和组织机制上流于形式，各部门协调配合尚存在一定的困难。三是对于思政课，尤其是《毛泽东思想和中国特色社会主义理论体系概论》实践教学的常态化发展方面，大多学校还停留在社会调查、参观考察、劳动体验等形式上，学校缺乏对思政课实践教学工作的实施时间、实施条件等进行相关制度保证。许多实践教学活动落不到实处，浅尝辄止，收不到理想的效果。

第二，实践教学评价考核机制不健全，未能跟进整体发展。思政课实践教学组织非常复杂，前期的准备、中期的实践指导、后期的成果汇报，内容丰富多样，对教师实践教学效果的评价必须综合考虑多方面的因素。目前各高校在思政课实践教学评价体系方面还没有健全的规章制度、有效的标准和评价方法。对学生的考核评价"知行脱节"，缺乏对学生在实践过程中的行为、能力的考核评价。对实践教学的赋分标准、比例、考核范围没有形成统一、规范、系统的思政课实践教学考核评价体系，造成实践课的考核主观随意性较大，评价结果认可度不高；对教师的考核评估方面，虽然有些院校把教师实践教学的学时、计划、方法、效果等内容进行了考核，但同样因为缺乏科学的考核评价标准，影响了思政课整体实践教学的有效性。

第三，实践教学内容存在局限，未能同步整体发展。当前我国思想政治理论课实践教学整体推进过程中存在着内容、途径等方面的局限性制约了实践教学的发展。第一，实践教学内容设定未能完整体现顶层设计的基本要求。首先，《毛泽东思想和中国特色社会主义理论体系概论》实践教学内容随意性大，缺乏企业参与，实践教学的整体性、规范性、连贯性不能得到很好的体现，难以形成有效的教学效果。其次，实践教学内容缺乏创新性。教学内容大多是在原有教材、资料基础上删改拼凑而成，缺乏整体创新性思考和改进更新，信息化类教学内容亟需丰富。第二，实践教学途径未能扩展至家庭及社会。当前不少院校缺乏稳定的、特色鲜明的实践基地，长期、固定的合作单位太少甚至没有。教育是一个系统工程，需要社会各方面形成合力。列宁曾说过："学习、教育和训练如果只限于学校，而与沸腾的实际生活相脱离，那我们是不会信赖的。"加强高校学生思政课实践教学，把思想政治教育与学生的家庭教育、社会教育相结合。但目前高校思政课实践教学的多种有效教育途径尚未形成统一合力，整体效果不佳，如何促成学校家庭社会共同完成思想政治教育体系的构建，这也是《毛泽东思想和中国特色社会主义理论体系概论》实践教学，乃至高校思想政治理论课实践教学需要着重把握的重点和难点问题。

三、思政课实践教学基地和场所现状

各高校虽然都建立了相应的思政课校内校外实践基地，但是，由于多方面原因还是没有发挥好用于实践教学的作用。

第一，实践基地和场所地理位置不便。校内实践基地因为在学校内部，因此这方面还体现不出它的缺点。但是如果在校外建立实践基地的话，这里就存在着地理位置不方便的问题。交通、餐饮、后勤、人身安全都是在校外进行实践需要考虑的重要因素，这也是很多学校制约其发展思政课实践教学的重要原因。在没有充足资金支持和周到详细规划的情况下，如果远途到校外进行实践教学，上述的交通等因素很显然就存在一定风险，这往往是学校所不希望看到的，这样一来，很多学校避重就轻，思政课实践教学也就无法实现。同时，实践教学需要思政教师结合相关基地场所内容进行组织教学，如果实践基地过远，思政教师无法进行相关的备课工作，不利于实践教学效果的发挥。

第二，实践基地和场所大小不一，有时无法满足大规模的实践教学活动。

组织实践教学必须考虑学生人数因素。每一次实践教学，特别是校外实践教学都不可能仅限于少数几个或十几个学生进行。一般来说，小的班级至少三四十人，大的班级至少百十来人，如果事先没有考虑实践教学基地和场所的容量，那么就无法真正组织实现实践教学。另外，很多校外实践基地并不喜欢接纳太多学生，主要原因就是对其资源可能带来消耗或不可预料的破坏（有的

学生不遵守纪律）。还有一些实践基地是收费的，这样的收费也给大规模的实践教学带领的成本上的考虑，很多实践也就被放弃了。

第三，结合《毛泽东思想和中国特色社会主义理论体系概论》内容选择实践基地和场所还存在一定困难。本课程坚持的是马克思主义中国这一条主线；包含了毛泽东思想和中国特色社会主义理论体系两大理论成果；讲的是五大基本理论问题：什么是马克思主义，怎样对待马克思主义（毛泽东思想）；什么是社会主义，怎样建设社会主义（邓小平理论）；建设什么样的党，怎样建设党（"三个代表"重要思想）；实现什么样的发展，怎样发展（科学发展观）；坚持和发展什么样的中国特色社会主义，怎样坚持和发展中国特色社会主义（习近平新时代中国特色社会主义思想）；共分为十四章。根据实践教学的要求，针对每一模块内容都需要有场所进行实践教学，而是否有合适的基地进行实践是目前开展思想政治理论课实践教学的又一个基本问题。

四、实践教学中的学生主体现状

习近平总书记在学校思想政治理论课教师座谈会上的讲话中指出，思政课教学要符合学生的认知规律和接受特点，要发挥学生主体性作用。可以说，高职院校思政课加强实践教学，不仅是学校属性的要求，也是学生身心发展的必然要求。

高职学生处在18−22岁之间，心理学家把这阶段称为成年初显期。这一阶段的学生要独立完成许多重大的人生课题，如个性完善、学业发展、交友恋爱、求职择业等，但是由于个体心理发展不成熟，情绪不稳定，很容易出现心理冲突，如理想和现实的冲突、自尊与自卑的冲突、情绪与理智的冲突、独立与依赖的冲突、性生理和性心理的冲突，因此，这阶段也是人生最困难的时期。关于这个时期，心理学家Kenis-ton称之为始终存在一种"自我和社会之间的张力"，以及"对于被完全社会化的拒绝"。埃里克森自我发展八阶段理论则强调，这阶段学生主要发展亲密感，解决亲密对孤独的冲突。总之，"冲突"是这一阶段的主题词。成功地解决危机和冲突，就会形成爱的美德；否则就会形成混乱的两性关系。而冲突的解决、独特的自我系统的建构，都离不开活动，都完成、实现于活动。活动对心理发展的重要性表明，思政课一定要注重实践教学，实践教学是完成学生心理发展任务的重要途径和载体。

对于高职学生来说，思政课实践教学更切合其心理特征。

第一，进入高职学习，大部分学生是由于高考失利退而求其次的无奈选择。这种非心甘情愿的选择以及普遍的"学而优则仕"的社会认知，严重影响了高职学生的自我认知、身份认同，以致其自我贴上边缘群体的标签而普遍存在自卑心理。心理学家阿德勒认为，人们的自卑情节有两方面的来源，其中之一就是被忽视或被拒绝。一个人如果被忽视，那将会导致其自我价值感丧失，进而产生巨大的、难以克服的自卑感。其实，被忽视就是缺少应有的承认与尊重。人是社会性、群体性的存在，社会以及群体的认同对其健康身心的养成至关重要，正如香港科技大学副教授张兆和所言"一个群体的身份是否能得到社会的承认和尊重，对该群体来说是一个很重要的事"。就高职学生而言，他们中的大多数在中学甚至在小学时代成绩不够优秀、突出，处于中下游的地位，缺少成功的体验，也得不到教师平等的关注，而且受到的批评和指责总是多于表扬与鼓励，日积月累，容易出现自我认同危机。克服危机、健康身心是高职院校思政教育的重要内容之一。阿德勒指出"消除自卑的唯一健康途径是培养和周围人休戚与共、忧乐与共的社会情感"。因此，思政课实践教学是培养高职学生社会情感的有效途径与重要载体。

第二，与普通大学生相比，高职学生还有一个重要的心理特点，那就是生活的无意义感和迷茫。心理学家李晓文认为"意义感的来源有多种渠道，但是，若仅限于从人自身这一角度分析，可以认为主要产生于自己投入群体活动的生活情节。在我们作为主体投入群体生活情境时，会真切地感受生活情境中的具体过程，回味其中直观生动深有感触，由此引发的主体情境与意义感受密切相关"。而思政课实践教学活动的目的正是创设这样一种情境，通过实践活动让学生找到生命的意义与价值。

第三，高职学生自我控制的水平明显提高，但有时容易冲动，做事情缺乏坚毅力。美国心理学教授安吉拉·达克沃斯（AngelaDuckworth）认为人的成就与智商关系不大，努力更重要。坚毅力是对长期目标的热爱和坚持不懈。而高职学生对专业、未来职业的热爱与激情，克服困难、勇往直前的毅力都需要在实践活动中培养与激发。课堂上教师的语言教育和空洞说教不能使学生在内心建立自己的主观意义，教化的内容没有内化到个人的认知系统中去，这也是思政教育最后造成"两张皮"的主要原因。高职学生思维以直观形象思维为主，抽象逻辑思维较差，对抽象理论理解起来有点困难，学习方式更喜欢动手操作，即"做中学，学中做"。他们思维的灵活性、敏锐性强，但是独立性、批判性不够，因此有时在看问题时显得理性不足，往往把问题看得过于简单而陷入想当然的境地。遇到挫折就会对自己曾经接受的理论产生怀疑、动摇。心理学家认为伦理道德、价值态度要真正内化到个体认知系统中，它意味着人在采取这种态度去行动时，会自觉自愿地奋起，与此同时也自觉自愿地抑制。付出努力，即使失败也会感到愉悦、激动、自豪，这样一种涉及身心各个方面的内化不可能单靠说教就能完成，必须使学生全身心投入到实践活动中去，在活动基础上产生认知的改变，体验情感的变化，引发自觉的行为。高职院校思政课加强实践教学，是学生身心特点的内在呼唤，是人才培养目标达成的必然要求。而思政课实践教学本身亦存在价值认同被"看见"、被引导的问题。

第二节 《毛泽东思想和中国特色社会主义理论体系概论》实践教学对策分析

理论与实践相统一，是马克思主义哲学的理论品质，也是"概论"课的教学原则和目标。《毛泽东思想和中国特色社会主义理论体系概论》课程的理论、路线、方针和政策，是马克思主义中国化的创新理论成果，必须在实践中检验才能有生命力。重视和加强实践教学，以多种实践教学形式培养高校学生掌握理论知识，增强学生分析和解决实际问题的能力，是《毛泽东思想和中国特色社会主义理论体系概论》课教学改革与创新的内在要求。《毛泽东思想和中国特色社会主义理论体系概论》课理论性、逻辑性和体系化的特点相对于各专业学生来讲确有吃力的现象，如何将理论与实践结合起来，是教学改革面临的一大难题和挑战。

一、优化实践教学组织管理机制

高校思想政治理论课实践教学组织管理机制的建立和完善，能够成为思想政治理论课程的有机载体，学生在参与实践的过程中能够将理论知识与生活实际相结合，完成对真理的检验，实现内在思想和外在行动的统一，从而有利于自身的全面发展。

1. 构建完善的思想政治实践教学指导体系

高校要探索思想政治课时实践教学模式，最关键的就是要构建完善的思想政治实践教学指导体系。

第一，就是要给予思想政治实践课程足够的重视，给学生安排专门的实践指导课程和实践时间，让教师跟学生都能够更为系统的规划和设计实践活动。

第二，在组织思想政治实践课程时，要采用小班化或小组式的教学模式，方便教师进行指导与管理。另外，学校要增加资金投入，划拨实践教学调研经费，给学生搭建更好的实践平台。最后，高校思想政治教师要提高自身的专业能力和综合素质，给学生提供必要的帮助，指导学生更好的进行实践活动。

2. 强化高职院校思政课实践教学的管理制度

思想政治工作是其他工作顺利开展的重要指导，高职院校管理也必须将思想政治工作放在首位。首先，管理者必须积极地转变思想。高职院校管理者必须充分地认识到思想政治理论课教学与其实践教学的重大意义，确定落实该项工作的负责人，负责综合协调各部门，为开展思想政治理论课实践教学提供教学合力。其次，要构建科学的思想政治理论课实践教学机制。高职院校思想政治理论部门必须积极组织各种学习活动，引导、鼓励广大思政教师积极地参加实践教学，对实践教学进行过程监控，总结教学经验，为思想政治理论课实践教学工作的顺利开展奠定坚实基础。最后，要加大实践基地建设力度与实践教学投入力度。高职院校要充分地利用起当地的各种思想政治教育资源如本地的红色博物馆、名人故居等，加大对于实践基地建设的资金投入，让更多的学生能够有机会参加实践教学。

同时，针对思想政治理论课实践教学不被重视与切实执行的问题，高职院校必须以完善实践教学管理制度为切入点，积极地规范实践教学组织，完善实践教学的保障机制。诚然，高职院校思想政治理论课实践教学的开展绝不能仅仅依靠思政教师，还需要多方面力量的配合。尤其是学校，作为教学管理者，更应该落实好教学安排，整合各方的力量，合理分配各个教师的教学内容，提升教师参与、组织实践教学的积极性，助力思想政治理论课实践教学的顺利开展。同时，高职院校还可以设立专项基金，为提升实践教学效果提供强大的资金保障。此外，高职院校还要完善课程评价机制。课程评价是对教师教学工作的总体考核，是反映教学效果的重要工具，因此，必须建立起切实可行、科学合理的思想政治理论课实践教学评价机制，推动实践教学课程的顺利实施，进一步增强实践教学的教学效果与质量。

3. 优化思想政治实践教学的内容与形式

高校要不断完善思想政治课程实践教学模式，还要不断优化实践教学的内容以及形式。思想政治实践内容不应当局限于所学的理论内容，当更具有时代性和社会联系性，可以重点的针对当前突出的某一类社会问题或现象，关注社会人们热议的话题，来开展一次实践调研，探究该类问题或现象所反映的经济、政治、思想和文化潮流和趋势，通过与教师和组内同学进行沟通与交流，完成调研活动的反馈。思想政治教育实践的形式应当更加丰富多样，又与学生普通的寒暑假社会实践活动区分开来，可以采取课中调研、课题研究等的方法，由教师进行统一的组织和引导，让学生利用规定的课外实践时间，结合相关的课题来选定调查研究的题目和方向，从而增强思想政治实践活动的针对性，能够更好的将理论与实际结合起来。

首先，进一步梳理理论教学和实践教学的内在逻辑关系，提高理论指导在实践教学模式中的重要性。我们在开展高校思想政治理论课的教学模式改革创新这些年来，最根本的初衷是打破传统思想政治理论课由教师单方向教学，纯理论讲授的课堂效果不佳的问题，因此，实践教学模式的创新研究成为众望所归，一直是高校思想政治理论课的研究重心。但无论是功能论还是建构主义学习理论，究其核心还是要探讨如何利用实践教学模式的改革来让学生更加主动深入的开展理论学习，因此在对实践教学的模式创新并不是脱离理论教学的核心和根本，例如在实践教学模式的构建可以带有理论推演和探究类别的框架，才应该是对实践教学模式创新研究的根本和基础。

其次，充分打造个性化和立体化的实践教学模式，实现全覆盖多角度的实践教学环境。进入新时代，网络信息技术的广泛应用为思想政治理论课实践教学模式的改革创新给予了更广阔的发展空间，近年也有不少学者都探讨了新媒体技术对高校思想政治理论课的创新应用。而且新媒体技术特别面向新时代的大学生更为适应和熟悉，甚至可以说改变着当代大学生的日常学习生活习惯，占领了他们的目光，更在潜移默化中影响着他们的思维方式，能够应用好这个新媒体技术，运用学生喜欢的表达方式开展思想政治教育，不断增强思想政治理论课的针对性、时代感和吸引力。而更重要的是我们要看新媒体信息技术时代，特别是移动信息技术的发展，也反映出大学生对个体价值的重视和发展，例如网红、直播、抖音等媒体小程序的迅速崛起也正是最为有利的证明，因此思想政治理论课的实践教学模式的改革也要重视学生的个性化发展需求。这就意味着固定的、单方向的指令性教学任务是难以在激发学生的学习热情和兴趣，必须提供一个个性化、主动性的实践教学模式才能让学生真正全身心的参与到思想政治理论课教学活动中来，完成从记忆性教育到认同性教育的转变。因此，充分利用新媒体网络技术，打造可以让学生自主DIY的实践教学平台，同时给予学生一个可以展示自我成果的空间，这必将是下一步思想政治理论课实践教学模式改革的主导方向。

4. 重视对思想政治实践教学的考核评价工作的开展

高校要完善思想政治课程实践教学模式还必须要重视教学考核与评价工作的开展。高校要将思想政治实践教学纳入到思想政治教育工作评价体系当中，不再是单纯的看学生思想政治理论课程的得分，而是要为科学和系统的确定实践教学评价标准，明确实践教学的活动目标、过程评价指标，将学生看做实践教学的主体，对学生从调研选题、资料收集、问题反馈、报告书写、实践活动完成度等方面对学生进行考核评价，将学生的表现记录在案，并且纳入最后思想政治学分总测评之中，真正让学生重视起来。

这就需要思政课实践教学打造多元化实践教学考核体系，形成全方位的思想政治理论课考核指标。在新时代对高校思想政治理论课教学工作的基本要求中，也突出强调了要采取多种方式综合考核学生的能力，打造多元化实践教学考核体系，其核心的理念是改变传统教学考核方式中以闭卷统一考试为主，开放式个性化考核为辅的观念，而是大胆实现互换，即更侧重对开放式个性化的考核。而在开放式个性化考核中主要设置个人项目和团队项目相结合，让学生根据考核体系可以自主选择考核的内容，相同类别的考核体系可以对应相同的分值，这样就可以扩大思想政治理论课的考核范围，例如包括校级各项学生活动、志愿者活动和社会实践活动，都可以纳入整个考核体系，形成一个全方位的思想政治理论课考核体系指标，这样就可以扩大思想政治理论课的实践教学空间，可以不单纯由思想政治理论课教师来组织实践教学活动，学生也拥有更多的主动权去积极参与各项活动，真正达到全员育人、全社会育人的良好教育氛围。

二、与学生社团活动相结合

我国教育改革不断深入的进程中，各大学校的思想政治教育工作已经取得了长足进步，思想政治理论课已是立德树人必修课程之一，其对学生的身心成长具有深远的指导意义。社团活动在校园文化建设以及促进学生成长方面具有重要作用。高校应当致力于将二者进行有机结合。

1. 思想政治理论课实践教学与学生社团活动结合的作用

首先，提升学生辨别网络世界真伪和风险的能力当今，互联网对于思想政治理论课而言，冲击力极大。它会将很多新思想、新理念、新事物展现给学生，很多学生通过日常的电脑或者手机浏览，能够突破时间以及空间的限制，进入到网络虚拟世界当中，并且和外部的世界展开互动性、即时性的沟通。在此过程中，教师与学生几乎能够同步获取各种信息，在传授知识的层面，教师已经很难借助信息、知识的优先掌握来使学生对自己产生敬畏之感。而思想政治理论课实践教学与学生社团活动结合，可以促使学生把理论和实践相结合，让学生通过实践锻炼自身的品行、素养，进而提升其辨别网络世界真伪、风险的能力，最终拥有较为良好的三观。

其次，全面提升学生学习的自主性及积极性在传统的思想政治理论课教学模式当中，教师往往会展开填充式、灌输式的教学，并根据一定的课程教学规划将相关知识、政策以及方针等传授给学生，进而使教学任务得以完成。在这种传统的教学模式当中，教师虽然能够在一定程度上让学生对有关知识进行全面、系统地掌握，却极容易忽视培养学生的实践以及创新能力。新时代，这种传统的教学方式已经难以符合当前思想政治理论教育的实际需求。而思想政治理论课实践教学与学生社团活动结合，不仅能够帮教师探寻出更新颖的教学方式，更能够提升学生的参与热情以及主观能动性，最终确保教学质量以及效率得到全面提升。

最后，全方位培养学生的政治思想素养我国有关的教育规划纲要中，明确提出了教师应当在日常教学中融入"以学生为本"的理念，使学生主动性被充分激发出来。教师在开展思想政治教育课的时候，应当将学生放在日常教学的主体地位上，教师成为辅助者、引导者，对学生进行科学指导。除此之外，思想政治教育课的实践性较强，这使得学生在日常学习过程中除了要充分掌握相关理论基础知识外，还应当注重思想政治素质培养实践。而思想政治理论课实践教学与学生社团活动结合，可以有效突显出学生在教学活动中的主体位置，更能够给学生以养成教育。

2. 思想政治理论课实践教学与学生社团活动相结合的路径

思想政治理论课实践教学和学生的社团活动主要是一种互相交融、互相作用的互动性关系，二者能够通过各种互动使教育的整体价值被充分发挥出来。其中，如果学生的社团活动质量较高，不仅能够使学生的道德思想素养得到良好的培养，这也更是提升并且完善其思想道德的本质需要。教师应参与到学生的社团活动当中，并在了解学生的基础上，合理优化自身教学，完善相关教学模式。

　　首先，加强学生理论型社团建设对于广大学子来说，社团属于其自我发展和管理的重要场所，同时也是众多学校开展"第二课堂"的关键场所，它对于帮助教师开展思想政治教育课程意义重大。当下，学校中理论型社团正逐渐成为教师开展思想政治教育活动的关键载体。如"理论研习社"，在此研习社，除了可以使学生自身思想政治素养得以全面提升，同时也能够帮助、引导学生参与政治、观察社会以及国家。学生在社团进行辩论热点、评论时政的活动中，不仅可以使其越来越关注国家大事，了解国家的大政方针，同时也使得思想政治理论课实践教学得以延伸和拓展，进而使枯燥、单调的理论知识与实践活动相结合，增加了趣味性和思想性。所以，高校应当配合学生积极建立"理论研习社"，同时为学生骨干举办培训、学习活动，引导学生自发组建"宣讲团"，使宣讲团成员在各个团支部宣讲有关理论，进而使学生能够在提高思想道德素养层面收获良好成效。

　　其次，在社团活动中渗透养成教育高校应引导学生明确思想政治理论课实践教学与学生社团活动结合的重要性，从而使其参与活动自主性进一步提升。当前大部分学生都不喜欢参与到传统活动当中，这就要求教师更加重视创新的重要意义，在活动中有效融入时代元素，使社团活动越来越吸引人。因为学生在志愿活动、学习理论、社会实践以及争优创先活动中，可以对社会发展的实际需求有所了解，同时对科学知识价值有所领悟，其成才观念以及专业思想得以坚定，进而会重视社会实践并且努力在社会中彰显自身价值。除此之外，在活动中还应渗透专业技能，高校应当在专业相同的学生当中开展相应的社团活动，在活动中潜移默化地渗透专业技能的培养，从而使其专业素养以及知识得到有效提升。与此同时，教师也应积极引导同专业学生在日常实践社团活动中开展交流互动，并进行全面探讨，有效提升其发现、分析以及解决问题能力，使其实践意识、能力都得到提升，最终全面培养其思想政治素养。

　　最后，加强思政课教师对社团活动的指导通常情况下，各类社团活动都具有较为鲜明的特点，这在高校培养人才的进程中意义十分深远。在很多时候，各类社团活动一般是通过灵活安排或自主策划等方式展开的，学生也是自发性地参与到活动当中。在此过程中，学生能够调节情绪、缓解压力、培养才能、启迪智慧、扩展视野以及活跃逻辑，进而使学生拓展技能以及培养个性。所以，高校应当为每个社团组织安排一名专业指导教师，作为引导者和辅助者帮助学生共同管理各项活动。教师需要引导学生主动对社团及其活动进行整合，在此过程中提升其综合能力。同时，高校也应当对各个社团、时势、各种校园力量进行整合，进而打造出特色各异的和谐社团。除此之外，教师还应当引导学生积极走出学校，在社会中展开社团实践活动。其中，绿色军营、儿童福利院以及敬老院等，应当成为其展开社团实践活动的首选目标。在活动中提供义务服务，让学生感受到社会关怀对于促进社会和谐发展的重要意义。

三、构建实践教学价值认同的心理机制

价值认同是个体或组织通过相互交往而在观念上对某一或某类价值的认可和共享。价值认同心理机制是指人们在接受价值观教育、实现价值认同的过程中，其心理结构诸要素之间的有机联系，以及影响认同心理形成的主客观因素与认同心理结构诸要素之间的有机联系。社会心理学研究表明：一个人的价值观念的形成要经过顺应、同化和内化三个依次递进的过程。高职思政课实践教学作为一种价值观念、教育理念，被领导、教师、学生接受、认同并内化成人格的一部分，需要构建相应的心理机制。

1. 顺应实践教学理念

顺应是心理发展的起点，指的是外部环境发生变化，而原有认知结构无法同化新环境提供的信息时所引起的认知结构发生重组与改造的过程。思政课实践教学亦以顺应为起点。传统上，思政课突出课堂教学，注重理论传授，实践教学不过是理论教学的点缀，以致很多高校的思政课实践教学走过场，有名无实。这种局面的出现，是诸多因素共同作用的结果，其中教师心理上的为难、抗拒是最主要的因素之一。不同于理论教学，实践教学对教师提出了更高要求。无论是课堂实践、校内实践，还是社会实践，都需要教师选择对象、调动资源、协调组织、掌控过程，都需要教师充分准备、精心筹划、灵活应变。在这一过程中，教师付出的辛劳、承担的压力与挑战是超常规的。落实教育部文件要求，彰显高职思政课程特色，大力开展实践教学，既需要学校乃至社会的大力支持，更需要教师克服畏难情绪，主动顺应与践行。诚如阿莫那什维利说过"改革必须从改革教师本身的心理开始，如果教师陈旧落后的教学观念不变，那么再华美的技术手段和教学设计都是换一种形式的单调"。

2. 认同实践教学方式

认同是指个体在思想、情感和态度上认为某种观点是正确的而主动接受。这一过程会产生肯定的态度体验，从而推动个体目标实现。具体到思政课，如果参与教学的各个因素能认同思政课实践教学，彼此间建立良好的关系，形成融洽的氛围，就会打消学生对思政课学习的阻抗，进而实现教育目标。任何教育目标的实现都是个系统工程，德育目标更是如此。美国著名道德教育学者约翰·埃利亚斯（JohnElais）认为"道德教育是一个需要多学科共同研究的领域，仅仅通过一门学科来探讨这一领域既是有限的，也是危险的"。思想政治理论课需要各类课程与其同向同行。高职院校思政课实践教学的一个重要维度是与专业实习相融合，在工学结合、产教融合、校企合作中，整合、挖掘、开发、利用专业实践资源中的育人因素，在与专业实习的同向同步同行中，利用专业特长培养学生的职业精神和职业素养。思政课实践教学与企业共生共建，不仅是思政课程目标的要求，也是对高职教育肩负的社会使命与责任的呼应。高职教育承担着满足地方区域经济发展、为地方经济社会服务、为当地企业输送合格人才的使命。高职院校应将思政课实践教学融入企业，把课堂设到企业工厂，通过带领学生熟悉职场环境和工作流程，引导学生在实践中了解企业对从业人员职业素养的要求，感受企业文化，激发学生的工作热情，夯实学生的职业技能，提升其职业素养，为企业、社会培养合格人才。

3. 内化实践教学规则

内化是指个体将自己认同的新思想融入自己原有认知框架，构成一个统一的态度体系。这种态度是持久的，并成为自己人格的一部分。高职院校要将实践教学的理念、目标、要求作为规则内化成个人的价值体系，自觉遵守并执行。吉伯斯和辛普森认为"如果我们非得要选择一个实践领域集中精力做好这个领域的工作以促进学生学习，让他们有更好的成就，那这个领域就是评估。通过改变评估来促进教学有最大的杠杆作用"。《国家中长期教育改革和发展规划纲要（2010—2020年）》明确指出，要通过"改进教育教学评价""探索促进学生发展的多种评价方式"来构建"教育质量评价和人才评价制度"。思政课实践教学的教育质量评估可以从不同的层次来审视。从学校、教师层面，质量评估更多体现问责的功能，即审视教育机构、教师是否承担了应该承担的职责，是否实现了教育目标、完成了教学任务。从学生层面来审视，教学评价方式是否体现最终促进学生发展，使学生成为合格的社会人。遗憾的是，目前的思政课实践教学的评估体系并不完善，既没有对学校、教师的问责，也没有能够促进学生发展的有效评价指标。

四、深入挖掘地方历史文化资源

几千年来，中华民族在漫长的历史长河中创造并发展了博大精深的中华文化。无论是从地域来看，西部的巴蜀文化、陕西的黄土文化、江南的水乡文化等，还是以历史性来看，由5000多年文明历史所孕育出的中华优秀传统文化、革命战争年代创造出的红色文化抑或是以马克思主义为指导的社会主义先进文化，都带有独特的民族烙印。文化资源积淀于人类发展的历史进程中，随着时代的进步，人民群众不断创造并形成新的文化资源，这是人类文明宝贵的财富。这一宝贵财富，为高校思想政治理论课的改革创新提供了深厚的支撑力量。高校思政课是为中国特色社会主义事业"铸魂育人"的重要渠道，面对新机遇新挑战，不断增强思政课的育人实效，充分发挥课堂教学和实践教学的育人合力，真正打造使大学生终身受益的思政课。

社会文化环境对个体成长的影响，渗透在人生的各个阶段。人生活在一定的社会环境中，具有社会属性，文化资源通过直接影响或间接熏陶培育青年学生的民族精神、爱国情怀，激发学生的社会责任感，推动学生树立正确的价值观念，养成科学的思维方式，自觉规范自己的行为。地方文化资源因其独特性、稳定性和传承性，可以转化为思想政治教育资源，对丰富思政课实践教学的内容和形式，提升实践教学的水平和实效性，意义深远。

1. 整合地方文化资源，创新思政课实践教学模式。

随着时代的发展，部分历史传承下来的优秀文化资源正濒临消失，新的先进的文化资源不断被创造，也有部分文化资源并未发挥出鲜活的影响力。所以，各类文化资源重新建构、规划和科学的配置，提升文化资源的最大效能，成为摆在社会面前的重要问题。而文化资源的整合，也在国家宏观调控下，以保护文化资源为前提，努力实现跨地区、跨行业的发展。地方文化资源是本地区在发展进程中不断创造、积淀并最终形成的宝贵财富，开发、整合好地方文化资源，实现规模化的文化产业创造性发展，可以为高校思政课实践教学提供充足的资源和多样的形式。

　　高校思政课实践教学主要以参观考察和社会调查为主，考核以学生在教师指导下撰写调研报告为主，考查学生对所学内容的理解、分析和运用的能力。除此之外，实践教学还可以通过参加具有历史文化、民族文化、红色文化等文化资源的原创舞剧、话剧的演出中，使学生结合自己的专业和爱好，以自己在情境中的切身体会，实现情感的渗透、情怀的培育和道德素质能力的提高。

　　2. 传承优秀文化，坚定文化自信。

　　中华优秀传统文化是实现中华民族伟大复兴的根本和灵魂，它蕴涵了传承至今的中华民族独特的哲学思想、道德情操、价值观念、审美品格、艺术情趣、辩证思维和科学智慧；近代中国人民开展的伟大斗争中所孕育出的革命文化，在中国人的精神世界中具有不可替代的精神引导作用；面向世界、面向未来发展，以马克思主义为指导，坚持人民的主体地位，创造出具有中国特色社会主义的先进文化，这是中华民族在当今世界的处世之道和价值导向。这是文化自信的底气，更是中华文化国际影响力进一步提升的内生动力。作为推动社会进步和国家发展的重要力量，青年学生也是坚定文化自信的主体。将弘扬中华优秀传统文化、革命文化和社会主义先进文化与高校思想政治教育结合起来，推进高校思想政治理论课的改革创新发展，让学生从文化中涵养人格、汲取前行的力量。

　　思政课是为中国特色社会主义事业"铸魂育人"的关键课程，要引导学生增强文化自信。但是，多数当代大学生对于祖国文化的认识不到位，甚至呈现日渐陌生的趋势，表现出"文化自卑"或者"文化自大"等消极情绪。通过思政课实践教学能够将思政课对青年学生的认识教育和价值引导相结合，是学生增强文化自信的重要途径之一。将地方文化资源与思政课实践教学相融合，更贴近学生的学习生活实际，增强思政课的说服力、感染力和吸引力，使学生在实践中了解社会、了解国情，增强社会责任感，坚定理想信念。

　　3. 形成全方位育人的大思政格局，提升学生的获得感。

　　落实"立德树人"的根本任务和价值导向，要形成从国家到地方，从社会到学校的全方位育人的大思政格局，需要社会、学校和家庭的共同参与。学生在教室里通过理论学习形成初步认识，通过实践教学，在观察和体验中加深认识，形成自己的世界观、人生观和价值观，最终真正地回归生活回归社会。

　　将地方文化资源融入到思政课实践教学中，打造建构民族精神，建设精神家园的重要屏障，让思想政治教育渗透到社会风气、校园文化和网络空间等各个地方，在大思政格局中提升育人实效，形成育人合力，切实提升学生获得感，使学生自觉肩负起时代使命。根植于本土的文化信念和情结，往往能够成为族群的精神烙印。要真正发挥出高校思政课实践教学引入地方文化的价值，需要进一步创新发展文化产业，健全制度保障，高校思政课实践教学也要勇于探索和尝试更多新模式，钻研新路径，切实构建科学有效真实的实践教学体系。

　　总之，思想政治理论课本质上是实践的，马克思主义理论的主要特性就是实践性，实践性是马克思主义理论的内在品质。马克思主义唯物史观认为，理论来源于实践，接受实践的检验，并随着实践的发展而发展，理论如果离开实践，就会成为无本之木、无源之水。理论与实践相统一，是马克思主义哲学的理论品质，也是《毛泽东思想和中国特色社会主义理论体系概论》课的教学原则和目标。《毛泽东思想和中国特色社会主义理论体系概论》课程的理论、路线、方针和政策，是马克思主义中国化的创新理论成果，必须在实践中检验才能有生命力。思想政治理论课实践教学内涵，即在理论课程的教学目标和大纲指导下，配合课堂理论教学，实现由老师为主导，学生为主体的实践教学，从而加深对思想政治理论课程的理解，提高学生对思想政治理论的理解力和辨别力，深化对党的路线方针政策的认识，促使大学生了解社会、认识国情，增长才干、奉献社会，锻炼毅力、培养品格，进而做到知行合一，培养学生成为中国特色社会主义事业合格的建设者和可靠的接班人。

第三章 《毛泽东思想和中国特色社会主义理论体系概论》实践教学模式研究

第一节　课堂实践教学模式

　　课堂实践教学相对于校内实践教学和校外实践教学来说，是最重要的最基本的教学实践活动，是实施校内实践教学和校外实践教学的基础和前提，是提高教学质量、培养学生综合素质的关键环节。如果忽略了课堂实践教学环节，就忽略了学生成长成才最主要的教学环节。

　　《毛泽东思想和中国特色社会主义理论体系概论》（以下简称"概论"）课堂实践教学的模式多种多样，当前在课堂实践教学中运用较多的模式主要有四种：

一、案例教学法

1. 案例教学法

　　案例教学法（Case Study Teaching）最先运用于法学界，后用于管理学界和职业教育学界。它通过对一个具体教育情景的描述，引导学生针对这些特殊情景进行讨论，当中教师和学生承担着更多的教与学的责任，要求更多的投入和参与。教师有责任选择和组织要讨论的材料，要从大量的资料中选择出适当的案例，而学生也负担一定的责任，要对教师所提供的具体事实和原始材料进行分析讨论，并在教学过程中，每一个个体都需要贡献自己的智慧，没有旁观者，只有参与者。学生一方面从同学间的交流讨论中提高对问题的洞察力，同时也及时从老师和同学那获得反馈。

　　思想政治理论课同专业课不同。对学生来说，专业课是他们将来安身立命之本，加上对课程内容原来基本不熟悉，所以有比较充分的学习内在动力。思想政治理论课是一门公共课，对许多学生来说，是因为它是规定的必修课才学的，相对来说缺乏充分的内在学习动力。同时，"概论"课是联系实际最紧密的一门思想政治理论课，教材中涉及的一些问题学生感觉似曾相识，他们从广播、报纸、网络上几乎不断接触到这门课的内容，所以，他们容易在直观上认为对这些问题都知道，而实际上又都不怎么知道。因此，"概论"作为这样一门思想政治理论课，既要以马克思主义中国化理论成果本身的内容为主体，又要关注重大现实问题和学生的思想实际，做到理论联系实际。运用案例教学方法，通过对一个个具体实际生活和职业实践中问题的分析讨论，去帮助学生在重大政治问题上明辨是非，着重从正面剖析问题、讲清道理，切中要害，努力做到以理服人，充分发挥真理的力量、逻辑的力量，帮助学生学会科学地认识和分析复杂的社会现象的能力，培养学生决策和理论联系实际的能力，解决实际问题的能力，增强其面对困难的自信心，同时练习将整个过程的思维用语言完整清晰表达的能力。由于学生有着较大的自主权，这调动了学生的积极性，也使学生有展示自己能力的机会。

案例教学法生动具体、直观易学。最大特点是它的真实性，由于教学内容是具体的实例，加之采用是形象、直观、生动的形式，给人以身临其境之感，易于学习和理解。同时能够集思广益，教师在课堂上不是"独唱"，而是和大家一起讨论思考，学生在课堂上也不是忙于记笔记，而是共同探讨问题。由于调动集体的智慧和力量，容易开阔思路，收到良好的效果。

2. 案例教学法在"概论"课堂教学中的实际运用

以2020年初抗击新冠肺炎疫情为例。

案例材料1：为何中国将抗击新冠肺炎疫情称为一场"阻击战"？

"只要坚定信心、同舟共济、科学防治、精准施策，我们就一定能打赢疫情防控阻击战。"早在1月25日农历正月初一的中共中央政治局常务委员会会议上，中共中央总书记习近平就已指明，此次中国抗击新冠肺炎疫情是一场"阻击战"。

什么是阻击战？为何将此番抗击疫情称为一场阻击战？

阻击战是防御战斗的一种，目的在于阻止敌人增援或逃跑，以保障主力歼灭敌人；或阻止敌人进攻，掩护主力展开或转移。不难看出，进行阻击战，首要之举在于"阻"。

此次发生的新冠肺炎疫情，是新中国成立以来在中国发生的传播速度最快、感染范围最广、防控难度最大的一次重大突发公共卫生事件。突如其来的病毒攻势凶猛，防止疫情扩散、遏制蔓延势头，中国首先需要打好一场疫情防控的阻击战。

"内防扩散、外防输出""应收尽收、应治尽治""对所有患者进行集中隔离救治"……阻击疫情的战斗从遏制其蔓延势头开始。前有武汉"封城"，后有湖北多地实施"战时管制"。医院集中收治病患，社区开展全面排查，酒店、学校被征作隔离点，以此控制传染源、切断传播途径。

面对疫情袭来，中国31个省区市一度相继启动重大突发公共卫生事件一级响应机制。春节假期延长、复工日期推迟、春运返程错峰，一系列"限行"举措减少了人群聚集与流动。小区封闭、设点检查，政府呼吁民众"宅"在家中，减少不必要的外出。

不仅如此，自疫情暴发以来，做好个人防护的相关"知识点"更是被频繁"敲黑板"。戴口罩、勤洗手、多通风、常消毒已成当下中国人工作、生活的一种常态。如中国官媒评论所指，遏制疫情蔓延需从我做起，"每个人都是疫情防控的主体"。

如此情势下，这场战"疫"迅速发展为一次"全民战争"。白衣战士奋战一线、科研人员加紧攻关、社区基层全力排查、百姓居家减少外出，军队医护增援地方、媒体报道防控进展，企业加速复产复工、国内国外捐款捐物……每个人都在用自己的方式参与这场疫情防控阻击战。

依靠人民、动员人民，这是毛泽东人民战争思想的主要内容之一。全面动员、全面部署、全面加强工作，广大民众众志成城、团结奋战，中国打响了疫情防控的人民战争，全力阻击疫情。

古籍云：不谋万世者，不足谋一时；不谋全局者，不足谋一域。没有哪个地区、层级、部门能够单独打赢疫情防控阻击战，需要全国一盘棋下的"协同作战"。疫情防控是一项全方位的工作，也是一次"谋全局"的总体战。

在时间线的纵向坐标上，抗击疫情需兼顾防疫的"一时"与发展的"长期"。在2月23日的统筹推进新冠肺炎疫情防控和经济社会发展工作部署会议上，习近平就有序复工复产提出8点要求，强调"越是在这个时候，越要用全面、辩证、长远的眼光看待我国发展，越要增强信心、坚定信心。"

在地理图的横向坐标上，抗击疫情需兼顾湖北、武汉的"一域"与中国的"全局"。同是在23日的会议上，习近平再次强调"坚决打好湖北保卫战、武汉保卫战"。此前在北京调研指导防疫工作时，他就指出，湖北和武汉是打赢疫情防控阻击战的决胜之地。"武汉胜则湖北胜，湖北胜则全国胜。"

时至今日，这场疫情防控的人民战争、总体战、阻击战已进行一月有余，防控形势积极向好的态势正在拓展。肯定工作成效的同时，中国高层判断，疫情形势依然严峻复杂，防控正处在最吃劲的关键阶段；并及时提醒，必须高度警惕麻痹思想、厌战情绪、侥幸心理、松劲心态，继续毫不放松抓紧抓实抓细各项防控工作。一如习近平所言："不获全胜决不轻言成功。"

案例材料2：疫情防控彰显中国特色社会主义制度优势

新冠肺炎疫情暴发以来，党中央高度重视，把疫情防控作为当前最重要的工作，全国动员、全员参与、全国一盘棋，采取了最全面、最严格的防控举措，联防联控、横向到边、纵向到底，打响了一场疫情防控的人民战争。美国有线电视新闻网（CNN）、《俄罗斯报》等外媒纷纷用"史无前例"来赞赏中方的积极应对。德国《世界报》网站援引专家观点认为，中国制度在危机形势下效力巨大。世界卫生组织总干事谭德塞评价说："中方行动速度之快、规模之大，世所罕见，展现出中国速度、中国规模、中国效率，我们对此表示高度赞赏。这是中国制度的优势，有关经验值得其他国家借鉴。"制度的优势只有在实践中才能检验出来，只有在比较中才能彰显出来。同样是面对新型病毒引发的大规模流行病，拥有最雄厚经济实力、最强大科研能力、最先进医疗体系的美国，却没能阻止2009年4月开始的甲型H1N1流感的大规模流行，造成国内约6080万例感染、27.4万例住院治疗和18449例死亡。因美国防控不力，致使该病毒在全世界214个国家传播，死亡人数达到284500人。

结合案例材料，提出问题：

（1）面对疫情，我们为什么自信一定能战胜？

（2）疫情之下谈感受：通过阅读案例，结合自己亲身经历这场终身难忘的全民"抗疫"战争，在疫情肆虐下，你感受到了中国特色社会主义的哪些积极方面（你可以从党的领导、社会制度、人民群众和人民军队等多角度考虑）

通过以上案例分析和学生讨论发言，结合"概论"课相关内容，帮助学生深刻认识和理解中国特色社会主义的制度优势，进一步增强"四个意识"、坚定"四个自信"、做到"两个维护"，增强战胜新冠肺炎疫情的信心和决心。

首先，党的集中统一领导的优势

中国共产党领导是中国特色社会主义最本质的特征，是中国特色社会主义制度的最大优势，党是最高政治领导力量。面对来势凶猛的新冠肺炎疫情，习近平总书记亲自指挥、亲自部署，多次主持召开会议、多次听取汇报、作出重要指示。2020年1月25日农历正月初一，中共中央政治局召开常委会，要求面对严重形势，必须加强党中央集中统一领导，各级党委和政府要加强统一领导、统一指挥，坚定不移把党中央各项决策部署落到实处，贯彻落实情况要及时向党中央报告。党中央成立应对疫情工作领导小组，向湖北等疫情严重地区派出指导组。各级党委将疫情防控作为当前头等大事来抓，主要领导干部坚守岗位、靠前指挥，团结带领广大人民群众坚决贯彻落实党中央决策部署，坚定信心、同舟共济、科学防治、精准施策，坚决遏制疫情蔓延势头，坚决打赢疫情防控阻击战。基层党组织和广大党员广泛动员群众、组织群众、凝聚群众，全面落实联防联控措施，构筑群防群治的严密防线。

其次，坚持全国一盘棋的优势

早在2003年，我国在抗击"非典"时就形成了在党中央集中统一领导下，应对公共卫生事件全国一盘棋、集中力量办大事的优势。新冠肺炎疫情发生后，党中央成立应对疫情工作领导小组，国务院建立联防联控机制指导督促各有关方面做好各项工作，卫生健康委员会、交通运输部、商务部、工信部、科技部、财政部等多部门携手并进组织防疫防控体系，强力阻断疫情扩散。全国31个省份先后宣布启动重大突发公共卫生事件一级响应，实行最严格的防控措施。作为疫情防控的重中之重，湖北省特别是武汉市医疗卫生资源奇缺。一方有难，八方支援。中央财政下拨15亿元支持湖北疫情防控工作。国家发改委下达中央预算内投资3亿元，支持武汉新建医院项目建设和必要医疗设备购置。中央统筹调度全国医疗资源支援湖北，截至2月9日，已累计调派11921名医护人员驰援湖北。军队先派出450人的医疗队伍奔赴武汉，后又抽调1400名部队医护队伍接管火神山医院。2月7日，国务院建立了16个省份支援武汉以外地市的一一对口支援关系，以一省包一市的方式，全力支持湖北省加强病人的救治工作。这是在党中央统一领导、统一指挥、统一调度下，坚持全国一盘棋的细化措施。

再次，高效的社会动员的优势

高效的社会动员是新中国消灭传染病的秘诀，也是社会主义制度的重要优势。1950年2月，刚刚成立的公共卫生局就发动全民参与传染病防治。1959年，天花被消灭了，比全世界消灭天花早19年；鼠疫被控制了，而霍乱在爱国卫生运动中也几乎销声匿迹了。这一优势也写入《中华人民共和国突发事件应对法》第六条：国家建立有效的社会动员机制，增强全民的公共安全和防范风险的意识，提高全社会的避险救助能力。在新冠肺炎防控战"疫"中，我们充分依靠人民群众、全民动员、全民参与、全民配合。根据国务院联防联控工作机制要求，全国各地各社区严格管控追踪外来人员，入网入格入家庭；严格对社区公共场所进行清洁、消毒和通风，落实到每个社区、每个单位、每个家庭，健康教育进入每一个家庭、每一个人，织好、织牢防控传染病的人民战争的大网。各地党政干部、公安警察、社区干部、网格员、村两委委员、小区物管、退伍军人、志愿者纷纷上街入户，"村口有红袖章，社区有小红帽，道口有执勤人员"，实施网格化、地毯式管理，群防群控、稳防稳控，将疫情防控做到"极致"。为避免人员聚集引发交叉感染，多地取消庙会、灯会、游园会等大型活动，以及市、区文艺演出等室内外聚集性活动，娱乐场所暂停营业。国务院宣布延长春节假期，学校调整开学时间，非必需单位延迟上班、企业延迟开工。

最后，应急举措坚决果断的优势

新冠肺炎与甲型H1N1流感一样，都具有高度传染性，如果防控措施不力，有可能出现2009年美国疫情失控的严重后果。我国采取极其坚决、极其果断的措施，在阻断传播途径、控制和消灭传播源、隔离易感人群和感染者三个方面多管齐下、共同发力，从根本上遏制住疫情蔓延之势。

一是封城"作战"，阻断传播途径。随着疫情态势愈发严重，1月23日，武汉宣布市内公交、地铁、轮渡、长途客运暂停运营，离汉通道关闭，正式"封城"，进入全面战时状态。此后，湖北省先后有13座城市宣布"封城"。这不仅是新中国历史上第一次封城，也是世界现代史上绝无仅有的。大规模疫情暴发有其突发性和不可预测性，政府在作出重大决定时，除公共安全因素外，还要考虑经济和社会影响。

二是新建医院，中西结合，控制传播源。面对剧增的疑似病例和确诊病人，武汉市现有医护条件远远不够。为了解决这个根本性矛盾，我们发挥"基建狂魔"的优势，只用了10天就建成了可容纳1000张病床的火神山医院，只用了12天就建成了可容纳1500张床位的雷神山医院，还新建了11座"方舱医院"、新增万余张床位，确保疑似和确诊病例"应收尽收、应治尽治"，震撼了全世界。在治疗方案上，充分发挥中医疗法优势，采用中西医结合的模式，治愈率持续攀升，病死率压制在2%以下，打破了"没有特效药"的断言。

三是全民居家，逐一排查，隔离易感人群。国家卫健委发布的新冠肺炎防控公众预防指南，第一条就要求公民尽量减少外出活动，尽量在家休息。同时，要求有湖北旅居史或接触史的，主动向所在社区（村委会）报告并自我隔离。这就从根源上减少了易感人群被感染的几率。调查显示，六成人响应号召，几乎天天"宅"家，三分之一的人表示只是偶尔外出，仅3%的人频繁在外。

疫情就是命令，参与就是奉献，防控就是责任。在党的坚强领导下，有全国一盘棋的优势，有高效的社会动员力，有坚决果断的防控举措，我们在新冠肺炎战"疫"中的表现令人民安心、令世界称赞，防控成效正在逐步显现，极大地鼓舞了全国人民的斗志和战胜疫情的信心。

二、模拟（情境）教学法

1. 模拟教学法

模拟教学法，通常又称情境模拟教学。是指在教师指导下，设置与现实相同的场景，学生模拟扮演某一角色进行的一种教学方法。这种教学方法能让学生在一个现实的社会环境中对一些社会问题有一个比较具体、综合的全面了解，有利于学生道德素质和职业素质的全面提高。同时，模拟教学法在很大程度上也弥补了客观条件的不足，为学生提供近似真实的学习环境，提高学生实践能力。

现实生活中每个人每天都在同时扮演着家庭、社会、职业等不同类型的角色，处理不同的问题。认识自己所处的角色类型，了解该类型的角色内涵，就能促进自己妥善处理面对各类人和事。在职业领域里，每个人处在不同的位置，有自己的岗位职责，不仅要用好自己的知识和技能，还要深入领悟自己的角色内涵。而情境模拟教学法可培养学生正确认识角色和内涵，迅速进入角色，完成角色承担的工作任务。

该教学法分为五个阶段：设置场景、提出问题，使小组活跃起来；提出角色组，挑选角色扮演者；分工观察任务；开始角色扮演，作好记录，可增加角色互换使学生理解他人的想法；讨论表演的观点，把问题情景与现实联系起来，共享经验。

"概论"课中的情境模拟教学法生动有趣、简单易行，以"情"为纽带，以"思"为核心。能够最大限度的调动学生的学习兴趣，有利于引导学生关注社会生活、有利于激发学生参与课堂探究活动的积极性和亲切感，学生在模拟中处于高度兴奋状态，充分运用听、说、学、做、改等一系列学习手段，开启一切可以调动的感官功能，对所学内容形成深度记忆，并能够将学到的知识和方法在实际工作中很快实践与运用。在模拟教学中学生得到的不再是空洞乏味的概念、理论，而是极其宝贵的实践经验和深层次的领会与感悟，对促进学生对他人的理解、促进学生心理素质发展都有重要意义。

2. 模拟教学法在"概论"课堂教学中的实际运用

以第十三章中国特色大国外交第二节推动构建人类命运共同体为例。

本节课的教学目标包括：通过本章的教学，使学生（1）了解当今世界正处于大发展大变革大调整时期，维护世界和平、促进共同发展是中国外交政策的宗旨，中国将坚定不移奉行独立自主的和平外交政策，推动建立新型国际关系；（2）理解"一带一路"建设顺应时代潮流，适应发展规律，符合各国人民利益，具有广阔前景；（3）理解构建人类命运共同体既是中国外交的崇高目标，也是世界各国的共同责任和历史使命，世界各国应携手合作，共同努力构建人类命运共同体，建设一个更加美好的世界。

为使学生充分理解我国独立自主的和平外交政策和崇高的外交目标——人类命运共同体，本节教学设计以模拟记者招待会的形式。

"记者招待会"都是由学生自编自导自演的，充分展现了他们对"记者招待会"热情。主题为"和谐南海——2018论坛"模拟记者招待会。会议开始，主持人介绍各国政府模拟代表.紧接着由各国政府模拟代表发言，阐述观点立场，中、美、俄、日、菲、越、印尼、马来西亚等各国政府模拟代表提到了保卫南海地区和平、维护本国核心利益、关注航线安全等问题，主张通过协商谈判和平解决南海争端，共同维护亚太地区安全。然后模拟媒体记者提问，各国政府模拟代表回答模拟媒体记者问题。提问过程中，各国政府模拟代表对模拟媒体记者提出的尖锐问题从容应答，收获了台下观众的阵阵掌声。最后各组派代表评选出最佳"记者"奖、最佳"政府代表"奖。通过"记者招待会"活动能够激励学生在课下认真准备，查找相关资料，既能掌握所学知识，又能活跃课堂气氛，锻炼学生能力。

三、任务驱动教学法

1.任务驱动教学法

任务驱动教学法是指师生共同完成任务共同取得进步，通过师生共同实施一个完整的"任务"而进行教学工作的教学方法。该教学法分为五个阶段：设计和确认目标和任务，这是任务教学的关键；制定任务工作计划，并得到老师的认可；按照小组成员分工的形式实施计划；小组成员制作课件和视频，总结、阐述并汇报；师生共同评价结果。

在"概论"课任务驱动教学法的具体实践中，可以综合运用其他实践方法。教师在这个过程中的作用不再是一部百科全书或一个供学生利用的资料库，而成为了一名向导和顾问。教师帮助学生在独立研究的道路上迅速前进，引导学生如何在实践中发现新知识，掌握新内容。学生作为学习的主体，通过独立完成任务把理论与实践有机地结合起来，不仅提高了理论水平，而且又在教师有目的地引导下，培养了合作、解决问题等综合能力。同时，教师在观察学生、帮助学生的过程中，开阔了视野，提高了专业水平。

任务驱动实践教学是从理论课程的核心出发，采用任务教学的方式，充分发挥学生的主观能动性，让学生在任务指导下主动思考问题、分析问题、解决问题，从而提升学生对思想政治理论的认知，促使学生在实践学习的过程中深化思想、拓展眼界，促使学生更好地提升自身的政治修养和职业道德意识。与其他学科的任务驱动教学法有所不同，"概论"课的任务驱动教学是在老师的指导下，突出以"问题探讨"的形式承载教学任务，将一个相对独立的学习任务交由学生自己处理，信息的收集、方案的设计、项目实施及最终评价，都由学生自己负责，学生通过该任务的进行，了解并把握整个过程及每一个环节中的基本要求，制作课件和视频，总结并阐述小组成员对任务问题的观点。这使得理论教学的实用价值目标更加具体化。

"任务驱动教学法"最显著的特点是"以任务为主线、教师为引导、学生为主体"，改变了以往"教师讲，学生听"被动的教学模式，创造了学生主动参与、自主协作、探索创新的新型教学模式。这种教学模式的实施已经取得了较为有效的成效。在诸多高校中，"概论"课的任务驱动式教学方式能够得到推广和实施，学生在教师的指导下能够更加有针对性地对问题进行分析和研究，有效提升了自身的思想政治觉悟。同时任务驱动式教学方式也是教学改革的一大进展，在任务驱动式教学过程中，教师勇于改革教学弊端，主动革新观念，敢于采用新的教学方式，因而思政课教学效果得到了改善和优化，教学改革的进程也正在不断深化当中。

2. 任务驱动教学法在"概论"课堂教学中的实际运用

在《毛泽东思想和中国特色社会主义理论体系概论》课程中，首先从教材理论内容之间的逻辑关联度出发，将教材中毛泽东思想和邓小平理论、"三个代表"重要思想、科学发展观以及习近平新时代中国特色社会主义思想三大部分内容，整合为多个专题，围绕一个个专题进行问题任务设置，比较集中化、系统化地形成方法论学习与训练的问题链和问题群，经过学习小组自主学习、报告和教师点评后，学生可以得到举一反三的问题分析的方法体验。实际效果是经过课堂上师生、生生之间的良性互动，在提高教学效率的同时，学生获得"鱼"与"渔"兼得的良好学习效果。

以第八章习近平新时代中国特色社会主义思想及其历史地位、第九章坚持和发展中国特色社会主义的总任务设置为新时代专题为例，本专题的教学目标包括：通过本专题学习，使学生（1）了解党的十八大以来，以习近平同志为核心的党中央以巨大的政治勇气和强烈的责任担当，提出一系列新理念新战略，出台一系列重大方针政策，推出一系列重大举措，推进一系列重大工作，解决了许多长期想解决而没有解决的难题，办成了许多过去想办而没有办成的大事，推动党和国家事业取得了全方位的、开创性的历史性成就，发生了深层次的、根本性的变革；（2）深刻理解中国特色社会主义进入新时代，我国社会主要矛盾的变化；（3）掌握新时代的内涵和意义；（4）了解习近平新时代中国特色社会主义思想的主要内容；（5）了解中国特色社会主义的总任务，深刻理解中国梦的本质是国家富强、民族振兴、人民幸福。进一步认识到从全面建成小康社会到基本实现现代化，再到全面建成社会主义现代化强国，是新时代中国特色社会主义发展的战略安排。

针对以上五个学习目标，我首先做了学情调查，党的十九大召开后，很多大中学校组织学生学习了党的十九大报告，少数学生能够了解我国社会主要矛盾的变化，但是大部分学生对于党的十八大以来我国社会取得的具体的历史性成就和历史性变革缺乏系统了解，对其他问题也都是一知半解。

基于这种实际情况，本专题内容的教学设计，以"新时代"为主题，完成五个教学目标为任务，即：（1）党的十八大以来的成就和变革；（2）中国特色社会主义进入了新时代；（3）中国特色社会主义进入新时代，我国社会主要矛盾的变化及依据；（4）习近平新时代中国特色社会主义思想；（5）中国梦、民族梦、人民梦、我的梦。

依据五个教学目标，将学生合理划分五个小组，分别完成相应的任务；每个小组指定一名负责人，组织小组成员收集相关材料；组织观看一系列相关视频资料；围绕"新时代"主体展开讨论；充分发挥学生的自身优势，集思广益，每个小组由一名同学以不拘一格、丰富多彩的内容和形式汇报完成任务情况，展现中国特色社会主义新时代；根据各小组资料的收集和现场表现，评选最佳工作小组；各组撰写总结报告。

在本次"任务驱动"教学模式中，教师虽然仍处于主导地位，是教学活动的总导演，但学生才是教学活动真正的主角，这样大大提高了学习的效率和兴趣，培养他们独立探索、勇于开拓进取的自学能力。一个"任务"完成了，学生不仅系统地了解了中国特色社会主义新时代形成的背景、过程和意义，掌握了习近平新时代中国特色社会主义思想的理论知识，深刻体会了中国梦、民族梦、人民梦、也是我的梦，还在完成任务的过程中获得满足感、成就感，从而激发了他们的求知欲望，逐步形成一个感知心智活动的良性循环。

四、头脑风暴法

1. 头脑风暴法

头脑风暴法（Brainsto rming）于20世纪40年代由被誉为创造工程之父的奥斯本在其《Your Creative Power》中作为一种开发创造力的技法正式提出。原指精神病患者头脑中短时间出现的思维紊乱现象，病人会产生大量的胡思乱想。奥斯本借用这个概念来比喻思维高度活跃，打破常规的思维方式而产生大量创造性设想的状况。

后来头脑风暴法被广泛地运用于商业和教育领域，在商业上，头脑风暴法在随后的几十年商业活动中得到了运用与发展，并且在许多需要创造性的领域中得到了拓展。而在教育领域，是指将不同专业与背景的人集中到一起，通过聚集成员自发提出的观点，让他们互提设想，互相撞击，求得新创造、新构思，以产生一个新观点的方法，在这个过程中成员之间能够互相帮助，进行合作式学习，并且在学习的过程中，取长补短，共同进步，进而产生了一种新的教学法——头脑风暴教学法。其本质是让参与者思维高度活跃，打破常规，产生大量创造性设想，使各种设想在教学活动中相互碰撞激起脑海的创造性"风暴"。它是一种名符其实的集思广益法，它能使每个参与者在决策的过程中，思考相互冲击，迸发出火花，作出创造性的问题解决方案。

"概论"课堂实践教学之所以运用这个方法，其原因在于，学生走进教室以前，脑袋里不是空空如也，以往的生活、学习和实践使他们逐步形成了自己对各种社会现象和社会问题的理解和看法。因此，在教学时应立足于这个经验基础，使每一个学生在各自不同的知识结构和生活经验的基础上正确合理地认识和分析社会问题，逐步掌握认识事物、发现真理的方法，真正理解思想政治理论知识，树立科学的世界观、人生观和价值观，提高自身的创造性思维能力。

在"概论"课实践教学中，"头脑风暴"法就是教师引导学生就某一课题自由发表意见，教师不对其正确性进行任何评价，能够在最短的时间里获得最多的思想观点的工作方法。这种方法适合于解决没有固定答案的或没有参考答案的问题，以及根据现有法规政策不能完全解决的实际问题，同时，必须要在一个开放、轻松的环境中进行，通过集体讨论，激励同学间连锁反应，通过组合和改进这些大量构思，达到创造性解决实际问题的目的。"头脑风暴"实施过程中，必须遵循自由畅想、互补改善、追求数量、延迟评判和禁止批评等原则。

"头脑风暴"教学环境下，要求的是以学生为主体，师生多向交换信息，让所有参加者在自由愉快、畅所欲言的气氛中，自由交换想法或点子，并以此激发参与者的创意及灵感，以产生更多的创意，学生也可以达到互相启迪，思维互补、知识共享的效果。它的优点在于：当一个人独自反复思考时，他的思路可能会限制在一个局部；当参与许多人的讨论时，能引发联想，相互启发，易产生共鸣和连锁反应，从而诱发更多的设想，有助于培养学生的创造性思维。

2. 头脑风暴法教学法在"概论"课堂教学中的实际运用

以第十章"五位一体"总体布局中"培育和践行社会主义核心价值观"部

分为例。

党的十九大报告指出，社会主义核心价值观是当代中国精神的集中体现，凝结着全体人民共同的价值追求。习近平指出，历史和现实都表明，构建具有强大的感召力的核心价值观，关系社会和谐稳定，关系国家长治久安。他强调，核心价值观是一个民族赖以维系的精神纽带，是一个国家共同的思想道德基础。如果没有共同的核心价值观，一个民族、一个国家就会魂无定所、行无依归。

培育和践行社会主义核心价值观，要把社会主义核心价值观融入社会生活各个方面。党的十九大报告提出，要以培养担当民族复兴大任的时代新人为着眼点，强化教育引导、实践养成、制度保障，发挥社会主义核心价值观对国民教育、精神文明创建、精神文化产品创作生产传播的引领作用，把社会主义核心价值观融入社会发展各方面，转化为人们情感认同和行为习惯。习近平指出，要注意把社会主义核心价值观日常化、具体化、形象化、社会化，使每个人都能感知它、领悟它，内化为精神追求，外化为实际行动。培育和践行社会主义核心价值观要坚持全民行动、干部带头，从家庭做起，从娃娃抓起。榜样的力量是无穷的，广大党员、干部带头学习和弘扬社会主义核心价值观，用自己的模范行为和高尚人格感召群众、带动群众。"少成若天性，习惯之为常"，社会主义核心价值观要从娃娃抓起、从学校抓起，做到进教材、进课堂、进头脑。要深入挖掘中华优秀传统文化蕴含的思想观念、人文精神、道德规范，结合时代要求继承创新，让中华文化展现出永久魅力和时代风采。

"培育和践行社会主义核心价值观"这部分内容的教学目的和要求就是不仅要让学生明确树立社会主义核心价值观的重要意义，掌握社会主义核心价值观的内容，更重要的是要让社会主义核心价值观在学生的心中生根发芽，做到外化于行，自觉践行社会主义核心价值观。

运用头脑风暴法在实践教学中设置问题：看见老人摔倒扶与不扶社会现象，让学生根据现象分析背后产生的本质原因，提出对策及解决方案。

议题设计首先应当既要密切结合课程目的和要求，又要符合学生知识和思维能力实际，不可过难，也不可过于简单，充分考虑到学生的"最近发展区"。其次应当遵循疑难问题简单化、抽象问题具体化的原则，把教学内容转化为阶梯式、递进式、发散式的问题。最后议题设计应当生活化，遵循情意原理，贴近学生的现实生活，使学生对知识的感悟通过理论联系实际的深入思考切实领会。

教师根据班级学生的特点确定分组方案，每组人数确定为6人。让学生根据老师要求，每五分钟在纸上写出3种扶或不扶的原因，然后依据顺时针（或逆时针）向下面一位同学传递本人的分析结果，同时收到上面一位同学的分析结果。然后在传递到的纸上，根据自己的想法，参照卡片上其他同学的想法，再想出三种不同原因的解决办法，依次循环。教师根据学生回答的实际情况继续循环，直到学生已经想不出原因为止。

循环结束后，根据每组的结果，结合因果图，把相关原因以不同的大项进行归类，形成最终的因果分析图。根据该因果分析图，根据问题的难易程度灵活预留出一定时间，每组组长作为主持人，采用传统头脑风暴法进行分析，尽可能多的提出解决方案，最终由每组主持人总结回答，老师根据方案质量当堂进行点评。

此方法在"概论"课具体操作过程中的注意事项：

首先是确保实施的保障机制。分组结束后，我们还要给每组配发一份明确的评价表。因为有时候还不能达到我们培养学生合作意识的教学目标。如有的学生看到人多了，可能就将工作全部推给"能干"的同学了，自己就在一边玩起了小游戏。特别对于性格内向，参与度不高的学生，激励他们积极参与其中。根据评价表，展开小组互评，师生互评。可把活动参与程度作为课程平时考核的重要依据。同时要求组员对解决方案进行姓名标注，做到公平公正。

其次是具体操作时，每组人数不宜过多。每组6人、每次3个设想、每次5分钟等规定可根据实际情况灵活调整。如果每组人数过多，就不可避免地出现重复的解决方案，分析问题的质量开始下降。

再次是分析的议题必须明确。比如本环节是希望获得老人摔倒的应对解决方案，而解决方案作为头脑风暴法的议题，可以分为两类问题，即：扶与不扶。通过头脑风暴法使学生一方面明确在现实生活中遇到这种情况应该如何解决，另一方面从践行社会主义核心价值观，构建社会主义和谐社会的高度树立团结友善意识，为形成良好的社会风气做出自己的努力。

最后是要给学生留出足够的思考问题和解决问题的时间。不要担心花时间给学生深入思考会影响进度，实际上学生深入思考之后，就能更好给出解决问题方案，效果会更好。所以，主持人要根据实际情况进行思考时间调整，提高思考质量。

头脑风暴法在"概论"课实践教学的运用过程中，通过对简单事件发生而引起的社会问题进行思考，从而加深学生对法律常识的认知以及对道德观念的了解，让学生在参与和体验中提高认识，由感性认识上升到理性认识，并把学到的知识应用到实践中去，从而陶冶情操、增强能力，促进学习成果的内化和素质的提高。不仅拓宽了学生们思考问题的思路，帮助他们提高了分析问题、认识问题、解决问题的能力，还大大调动了学生们的学习积极性，使很多学生爱上了"概论"课。

第二节　校园实践教学模式

一、"概论"第二课堂

《毛泽东思想和中国特色社会主义理论体系概论》课的校园实践教学，属于思政第二课堂的范畴，往往被称为"概论"第二课堂，是相对于课堂教学来说的。

在日常的教育教学过程中，按照教材、教学大纲要求，在规定的时间内组织开展课堂教学活动，这是第一课堂；与之相对应的在第一课堂之外的时间组织开展的校园内的思政教学活动就是思政第二课堂。它是主渠道课堂教学之外以学生为主的"形式多样、内容丰富"的"概论"系列活动的总称，可以小组、班级、社团等多种组织形式，是高校思政实践教育的重要平台，是提高大学生实践能力的重要舞台，也是构建新形势下实践育人的教学运行机制的必然选择。通过与传统的思政课堂教学互补互融，不断强化教书育人的重要价值，对大学生理想信念的形成和爱国情怀的培养有着极其重要的意义。但它又并非仅仅涉及这一门具体课程，而是将价值导向与实践体验进行融合，达到思想政治教育"进头脑、入人心"的目的。

习近平总书记提出思想政治理论课"八个统一"的重要论述，高校思政课就要围绕立德树人总任务，落实"培养什么样的人、如何培养人、为谁培养人"这一核心问题，创造性地把第二课堂作为"大思政"格局中实践育人的主阵地。随着全员全过程全方位育人教育理念深入人心，思想政治教育和专业课程教育已经从单纯的理论教育向综合能力教育转变。第二课堂所塑造的实践育人氛围是综合素质形成和发展的重要环境，具有第一课堂不可替代的作用。

对于高校来说，在组织开展"概论"课实践教学活动时，与第一课堂相比，无论是教学形式，还是教学内容，第二课堂都更加丰富，学生的参与意识更主动，通常情况下，这种学习空间可以是教室，也可以是操场、宿舍、图书馆等校园范围，是课堂理论和实践教学的直接延伸，它让枯燥的理论课变得鲜活起来，使思政课不再是空洞说教。同时，它具有导向性、趣味性、互动性等特点，可以说第二课堂是高校组织开展思政课实践教学活动的重要载体，借助第二课堂可以丰富大学生的理论知识，帮助大学生提高综合素质。对于学生来说，第二课堂的趣味性在一定程度上可以激发学生的灵感，帮助学生有效缩短理想与现实之间的差距，进而最大限度地满足学生的精神需要，同时可以帮助学生缓解学习、就业等方面面临的压力。因此，可以说"概论"的第二课堂是一个可发挥多功能的平台，其不仅承担了立德树人、传播主导意识形态和培养合格的社会主义建设者等目标，而且可承载受教育者感知历史、传承传统和感知生活世界等多重功能。

二、"概论"校园第二课堂实践教学的路径探索

新形势下，社会思潮涌动、多元文化冲击，对大学生思想政治教育提出了更高的要求，也为第二课堂思政育人的建设和创新提供了新的发展契机。大学校园有丰富的思想政治实践教育资源，一是有更多博学的教师，而且教师很愿意与学生共同探讨问题；二是有丰富多样的图书资料和其他开放的空间，随时能提供学习参考和交流；三是有众多思维活跃随时随地可以切磋、交流、探讨、辩论的学习伙伴。大学校园是设计和开展"概论"第二课堂实践教学的最基本也是最便捷的途径。依据学生参与实践的程度，其现实路径大体有以下三种类型：

（一）感受型校园实践：即通过参加实践活动得到具体感受。其常见的活动形式有：

1. 影视资料演示

影视资料演示是一种直观、实在，结合了现代科技因素的校园实践活动，深受学生们喜爱。它的主要形式是利用课余时间组织学生观看各种反映我国社会主义革命、建设和改革实践成果的视频、录像、电影等，以及各种爱国主义题材或其他有益于学生身心健康的影视片。这些视频资料富有一定吸引力和感染力，让学生的印象深刻，从而加深了对知识的理解，这种效果比教师一味的向学生灌输理论知识要好的多。通过音像演示的方法，使学生有"身临其境"的感受，尤其对一些"概论"课中讲到的历史事件有了更深的印象和体会，这样不仅丰富了学生的业余生活，拓宽第二课堂，也深化了学生对所学理论知识

的理解。

例如，在学习毛泽东思想的历史地位时，组织观看纪录片《走近毛泽东》，帮助学生了解毛泽东的革命历程，认识毛泽东在毛泽东思想中所起的重要作用，使大学生树立科学的世界观和人生观，坚定毛泽东思想是中国革命和建设的科学指南，是中国共产党和中国人民宝贵的精神财富。

在讲到的马克思主义中国化的历史进程和理论成果时通过观看《建党伟业》，了解从1911年辛亥革命到1921年中国共产党成立这段时间内的历史故事与风云人物，通过毛泽东、李大钊、陈独秀、蔡和森、周恩来等一批中国共产党党员在风雨飘摇的时代为国家赴汤蹈火的精彩故事，了解马克思主义中国化的艰辛历程，进一步体会马克思主义中国化的必要性，深刻理解毛泽东思想是马克思主义中国化第一个理论成果的深远意义。

在讲新民主主义革命三大法宝时，通过观看《建军大业》所展现的中国军队伟大的建军篇章，了解人民军队发展的光辉历程，切实感受1927年南昌起义时期的那一段慷慨悲壮的热血岁月。铁血铸军魂，舍己保家国。"这些被战火洗礼过的灵魂，将同人民的命运融在一起，无上光荣！"电影中的这些经典台词也让学生们感受到老一辈革命者开创新中国的决心。

在讲建设美丽中国时，组织学生观看了讲述塞罕坝建设者感人事迹的电影《那时风华》，以三代塞罕坝人造林、护林、营林的感人事迹为基础，讲述了以唐学燕、苏铁为首的年轻人，怀揣着"沙漠变绿洲、保卫北京城"的伟大理想走上塞罕坝，在那里无怨无悔地奉献青春热血乃至牺牲生命的故事。让学生们深切地感受到曾经的茫茫荒原，三代塞罕坝人用了半个多世纪的时间，以坚韧不拔的斗志和永不言败的担当，将昔日飞鸟不栖、黄沙遮天的荒原，变成百万亩人工林海，成为守卫京津的重要生态屏障，创造出当之无愧的生态文明建设范例。习近平主席对河北塞罕坝林场建设者感人事迹曾作出重要指示指出，55年来，河北塞罕坝林场的建设者们听从党的召唤，在"黄沙遮天日，飞鸟无栖树"的荒漠沙地上艰苦奋斗、甘于奉献，创造了荒原变林海的人间奇迹，用实际行动诠释了绿水青山就是金山银山的理念，铸就了牢记使命、艰苦创业、绿色发展的塞罕坝精神。学生们在观看影视资料中不断地受到精神的震撼，深深地被塞罕坝建设者们奉献事迹感动的同时，也进一步感受到生态文明建设对国家、民族、社会以及子孙后代发展的深远意义。

2. 专题讲座、思政宣讲

为引导学生关注国家时事，了解社会形势和国家政策，拓宽学生的视野，提高对社会的认知度。思政的实践教育也可以是让社会走入学校，即"请进来"的方式。针对"概论"课教学中遇到的重大理论问题、国际国内突出的重大事件、学生普遍关心的热点问题等，学校可以结合国际形势、社会主义现代化建设、学生思想、学习和生活的实际，定期或不定期地邀请一些专家学者、劳模、成功人士、校友等来学校举办专题讲座或报告。因为他们从事的专业研究或实践中的亲身经历都会对一些实际问题有更多的了解和深刻的认识，由他们来讲思想政治理论课的部分内容，更有说服力，教学效果将更好。通过他们的专题讲座，让学生对一些社会问题有了感同身受，可以进一步的思考，从而弥补了课堂实践教学上存在的不足。

比如2019年，是"五四"运动100周年，也是天津觉悟社成立100周年，在讲"概论"第二章新民主主义革命理论时，为缅怀革命先辈，传承"觉悟"精神，学校请来了中共党史与文献研究院副部级专家，担任主讲人，做了题为《以伟人精神激扬青春梦想——学习周恩来年轻时代》的专题讲座。

通过专家的生动讲解，学生似乎被带到了100年前那段激情燃烧的岁月，1919年，随着巴黎和会外交失败的消息传来，中国人民的强烈愤慨被激起。5月4日，北京数千名爱国学生走上街头举行集会示威，要求政府拒签合约、惩办亲日派官僚，轰轰烈烈的五四爱国运动自此爆发，在五四运动的高潮中，周恩来、邓颖超等20位进步青年在天津创立了青年进步团体"觉悟社"。他们举办演讲、出版刊物、讨论研究新思潮、组织和领导青年学生的爱国运动。如今，光阴已悄然走过百年，"觉悟社"的片片青砖灰瓦，静静地见证了时代的变迁、社会的发展，而五四精神，也在一代又一代新青年中传承发扬。专家的精彩报告，使学生们重温了觉悟社的产生与发展历程，加深了对"五四"运动历史意义和时代价值的认识。

除了专题讲座形式外，还有社会热点问题的思政宣讲，这就要发挥思政课教师理论上的先天优势，对意识形态问题、历史虚无主义问题、自由主义思潮、校园网络借贷等涉及广大学生切身利益的问题进行分析阐释，以校园宣讲方式讲清理顺大学生困惑的疑难问题，使他们对一些社会问题有正确的认识，从而起到思想政治教育的作用。

（二）体验型校园实践：即让学生在参与实践活动中获得直接体验。其常见的活动形式有：

1. 思政实践教学基地

思政实践教学基地是力求把思想政治教育理论教学与实践相结合，创新新时代思想政治教育的教学方式，为提升思想政治教育的吸引力，增强思想政治教育效果而设立的，具有一定现代化特色的思政实践教学平台。运用思政实践教学基地进行第二课堂的教学实践，既丰富了老师们实践教学模块的内容，拓宽了实践教学思路，也极大地调动了学生们的学习热情，加深了对所学知识的理解，拓宽了知识面。

学生们通过参观思政实践教学基地的实物和图片等感性材料、在基地场馆举行各种实践活动以及在基地使用VR、环境模拟、人像投影、互动抢答等现代化设备亲身体验，使学生摆脱只听不动的局面，体会学习乐趣，以强化和再现大学生课堂里所学到的基本知识，帮助他们了解历史，培养他们热爱党的领导，热爱社会主义制度的情感，把思政教育形象化、现代化，强化学习动机，增强思政教育入脑、入心的效果。

以天津海河教育园区思政教育实践基地为例。天津海河教育园区思政教育实践基地坐落在天津现代职业技术学院，成为园区思想政治理论课资源共建共享良好的实践和交流平台，也为海河教育园区的各高职院校提供了思政实践教学的优越条件。

该思政实践基地设计了"新时代·新思想""沿红路·寻初心""明明德·晓律法""立匠心·育匠人"四个主题实践教学模块，每个模块又分为不同的几个小板块。思政教师们结合实践教育基地的板块进行了具体的课程设计，形成了"任务引领"下的"师生合作"的实践教学模式。学生们在基地的思政实践活动中得到了充分的感受和体验。

在"新时代·新思想"主题的"建设美丽中国"的生态文明板块，有生态互动游戏、低碳环保自行车小体验、环保知识互动抢答等，通过这些实践活动，使学生们了解环保知识，体验低碳生活乐趣，自觉树立环保意识。

在"沿红路·寻初心"的"共产党人初心使命"板块，通过五四运动声音仿真互动、观看红军走过的长征路线和一次次惊心动魄的战役图片、过雪山的环境模拟、人像投影、VR平津战役视频观看等，沿着红路回顾党领导人民的奋斗历程，缅怀革命先烈，坚定理想信念，感受艰难困苦的革命斗争环境下，先辈们对革命信仰的执着追求，从而坚定自己"为中国人民谋幸福，为中华民族谋复兴"的初心和使命，同学们纷纷表示：作为新时代大学生，应当珍惜来之不易幸福生活，不忘先辈的初心，牢记使命，努力学习，把激昂的青春梦融入伟大的中国梦，用青春书写无愧于时代、无愧于历史的华彩篇章！

在"明明德·晓律法"的"我和我的祖国"板块，学生们感受到祖国大好河山的美丽，各个地方的丰富物产，中国上下五千年的历史和文化，增强学生对祖国的自豪感。在"立匠心·育匠人"的"工匠精神"板块，学生可以点击"工匠之星"屏幕了解古今中外工匠的历史事迹，学生还可以进行"工匠技能测试"，看看自己是否能够成为一名合格的工匠，"大师工作室"定期邀请工匠大师来现场指导学生学习一些工匠知识和技能。

除此以外，思政实践基地也为思政校园第二课堂提供了良好的活动空间，在多功能厅，学生们先后举办了丰富多彩的校园活动，"十九大知识竞答"、"读红色经典 品百味人生"读书交流会、国史知识竞赛等一系列的读书和知识竞赛活动，一度在同学中掀起了红色经典读书热，不仅加深了学生对教材理论内容的理解，同时也拓展了学生的知识面，更好的了解我国波澜壮阔的革命历史，懂得了珍惜今天来之不易的幸福生活！举办"我骄傲，我是中国人"摄影展、"70年盛世华诞"歌咏大会等主题文艺活动，同学们意气风发、充分展现了大学生的青春风采。青年兴则国家兴，青年强则国家强，青年学子既是追梦人也是圆梦人，青年学生正是在奋斗和实践中才能释放青春激情，追逐青春理想，以青春之我，奋斗之我，为中华民族的伟大复兴铺路架桥。

2. 校园情景剧

所谓校园情景剧，本质上是体验性、参与式教学模式的一种实现形式，是指教师通过引导学生自编、自导、自演与课程学习内容相关的情景短剧，通过话剧、小品表演等情景剧的方式把生活中的案例搬到"舞台"上，表演者从情景剧中找出其闪光点和弘扬正能量的地方，激发学生强烈的情感体验，达到内化理论、提升认识的一种教学方法。此种方法最根本的特征是参与、体验、共鸣、内化，就是要彻底颠覆传统教学模式中教师只顾"满堂灌"、学生昏昏然"满堂听"的被动局面，让学生全员参与到创作实践中，让他们回到活生生的历史或现实的情境里，通过亲身体验与经历来感受相关知识背景或理论根据，从而实现情感、认识上的共鸣，让思想内化于心，从根本上达到教学目的。

苏霍姆林斯基指出："在青少年中产生困难的最重要原因，就在于教育行动以赤裸裸的方式出现在他们面前。"校园思政情景剧，就是彻底改造教育行动"赤裸裸"、融进生动情景和情感的有益探索。

例如，为充分发挥思想政治理论课在培育和践行社会主义核心价值观中的主渠道作用，提高思想政治理论课的吸引力和感染力，创新学生参与思想政治理论课教学的途径和与方法。天津海河教育园区每年都要举办不同主题的园区职业院校学生思政课情景剧大赛。学生以《思想道德修养与法律基础》、《毛泽东思想和中国特色社会主义理论体系概论》课程为基础，形象地展示了青年学生对课程的理解。在"践行核心价值观·凝聚最美中国梦"为主题的思政课情景剧大赛中，学生们自编自演的《赤子心》，以8.12天津港爆炸为背景，展示了消防战士勇往直前，不畏牺牲的大无畏精神，在场师生无不声泪俱下。

学生创作的《论战》《争锋》《重庆谈判》《小岗村的故事》《下海》《一家两制》等情景剧，诠释了马克思主义中国化的曲折历程及其历史必然性。在习近平新时代中国特色社会主义思想的学习中，学生们认真研讨、精心设计，及时排演了《亮点》《伟大工程》《美丽乡村》《墨》《永远在路上》《拍蝇》《中国梦·我的梦》等一系列最新内容的情景剧，将党的新理论、新思想和新方略转化为一幕幕鲜活的情境，在轻松体验中沁入学生的心田。同学们反馈说，以这种方式学习党的创新理论，印象深刻、入脑入心、永生难忘。

思政校园情景剧要求学生广泛参与，亲自实践，手、脑、口、身全面调动，自然培养和锻炼了他们的多方面才干。有研究者指出，"通过情景剧完整过程的运作，可以提升大学生的自我表达能力、人际交往能力和多方协调能力"。实际上，还远不止这三种能力。创造性思维能力、组织领导能力、多媒体制作能力，甚至是想象能力、审美能力、策划能力、表演能力等，都与情景剧创作分不开，都能在这一过程中得到训练和提升。情景剧创作排演是一个复杂的集体协作过程，其运作需要集合具有各种特长的同学组成一个团队，需要有创造性和想象力的同学来策划、构思，设计出通过故事情节体现所学理论知识的基本思路，形成情景剧的大致框架。然后要有文字功底较好的同学写出剧本，再之后就要集合有表演才华的同学来扮演，还要有熟悉电脑软件、懂得剪辑合成的人来制作。这些工作对于同学们来说是全新的，很有挑战性，但也正因为如此，往往能充分激发同学们的潜能，锻炼他们的才干。

综上所述，校园情景剧的思政实践尝试，表现出了鲜明的时代特色及青年的特点，用情景剧的形式，深刻展现了青年大学生践行核心价值，凝聚中国梦想故事，弘扬中国精神，展示大国工匠的魅力，也为进一步创新学生参与思想政治理论课教学提供了很好的途径。

3. 大学生辩论赛

作为高校传统文化品牌项目，大学生辩论赛以其特有的视觉性、激烈性和教育性一直受到大学生的广泛关注，在"概论"第二课堂，辩论赛以其独特的价值优势，被很多高校作为思政课实践教学的重要方式。教师可以根据教学和实际的需要，适时地选取相关主题让学生进行辩论。

首先，针对性强，即辩题设置能更好地体现教学内容和实现教育目的。"概论"课的教学内容涉及面广，具有注重理论、关注现实、联系历史的特点，其中既有一些关键性的重点问题，也有一些抽象性的难点问题，把这些重要问题和难点问题设置成辩题让学生进行辩论，能很好地突出教学重点和突破教学难点，从而能很好地带动整体教学以实现教学目标。同时，现实社会中各种热点焦点问题引起大学生关注，成长过程中的一些生活心理问题引发大学生困惑，思想领域中各种观点思潮影响大学生思想，把这些问题和观点结合教学内容设置成辩题让大学生进行辩论，有利于引导大学生正确认识这些问题和观点，实现高校思想政治教育目的。

其次，操作性强，即辩论活动更容易组织和促进学生参与。虽然近年高校"概论"课实践教学出现了多种方式，这些方式在某些方面都有其优势，但其中一些方式也存在着各种各样的困难和问题，如花费过大、组织困难、安全性差、参与度小、不易考核、流于形式等，而辩论赛方式就能规避这些不足，而且易于操作。一是它所需经费不多，高校基本上都能够保证活动资金；二是它有比较固定的、成熟的程序和规则，相对容易组织，而且一些高校辩论赛已经制度化，从而更容易利用已有资源组织好活动；三是它在校园内举办，基本上不存在安全隐患；四是虽然它比赛时仅有少数几个学生在场上参与，但对它的规则作一些适合教学的优化处理，就能够使大多数学生参与其中，从而提高了实践教学的参与度；五是它可以根据学生的参与度和活动表现进行考核，从而使考核相对容易；六是它在比赛中形成的两队之间的激烈对抗和辩手们的精彩表现都能够激发大学生参与的兴趣，使大学生能够主动参与、乐于参与、自觉参与，有利于避免实践教学活动流于形式。

再次，实效性强，即辩论过程更能提高学生的各种能力和思想政治素质。大学生参与辩论赛的过程，是他们分析辩题并确立论点、考察现实并思考推理、搜索资料并辨别整理、进行质疑并解疑释惑的过程，也是他们自主学习、合作学习、探究学习的过程，可以提高他们的思维、批判、创新、表达、组织等能力，培育他们的平等、竞争、团结、包容等意识。更为重要的是，辩论赛能促使大学生对所辩论的问题进行深入思考，在此基础上再通过教师的点评和引导，就能够使他们明辨是非、正误、善恶和荣辱，使他们把原来的模糊认知变成新的正确认知，再通过思想的矛盾运动建构起符合教育目标和社会要求的思想系统，从而提高他们的思想政治素质，以后在一定情境下就会转化为他们的自觉行动，这样就有利于提升高校思政课的实效性。

从2000年CCTV全国大专辩论赛以来，大学生辩论赛在很多高校中每年都要定期举行，每一届赛事都能紧贴时代需要，立足实践环节，形式不断丰富，主题不断拓展，内容不断深化，规模不断扩大，已成为学生主动参与、热情投入，学校高度重视、大力提倡，社会反响强烈、认同度高的校园文化品牌，承载着立德树人的教育意义，也呈现了成功的实践经验。

以立德树人为主线。教师要特别强调"德"是辩论赛的灵魂，"立德为先"是活动的组织原则，始终坚持把立德树人作为工作主线，并贯穿在辩论赛的全过程，紧密结合青年学生成长成才规律，与时俱进地把比赛与育人有机结合起来，实现学以致辩，辩以促学，形成良性互动，不仅延伸了思政课堂，也拓展了育人阵地，真正体现思政"第二课堂"的作用。

以思政课堂为支撑。大学生辩论赛源于思政课堂却高于思政课堂，是在思想政治理论课教学实践过程中不断挖掘、提炼、引导、升华而成的校园文化品牌，无论是辩题设计还是质量评价都紧紧依靠思政课堂，进而推动社会主义核心价值观的培育和弘扬，大大拓宽了思想政治教育的渠道。

与生活点滴相结合。每一场辩论不拘泥于理论层面，更是关注社会点滴，注重生活的感悟和理性的濡染，鼓励学生表达对生活的体会，并施以正确的价值引导，把辩论赛的立德树人要求带入学生的日常生活，在学习过程中展现德育工作的现实品质，发出好声音，传递正能量。

与内在需求相匹配。长期以来，我们所制定的教育模式和教育方法通常是根据社会的需要而忽视了学生的内在需求。大学生辩论赛契合学生的内心需求，让他们在亲身经历中懂得做人的道理，在"润物细无声"中身体力行地挖掘蕴藏在所授知识中深刻的思想性内容，并加以正确的提示和引导；注重在课堂上和其他教学环节中因势利导，启发学生独立思考、勇于创新的精神。

在体验型校园实践活动中，除了上述几种形式以外，还有很多深受学生喜爱的校园活动形式，例如丰富多彩的社团特色主题活动、学生思想政治理论课说课大赛、主题演讲比赛等，学生在积极参与的过程中展开自我教育，获得学习和提高，激发爱国情怀，锻炼思维和表达能力，加深对中华民族伟大复兴中国梦的理解，正所谓"你将精彩给世界，世界为你而精彩"！

（三）践履型实践：即引导学生把道德认知转化为道德行为的实践活动。

从思想政治理论课的教学目标来说，践履型实践也可以说是感受型和体验型实践的最终目的。因为只有通过个人的躬身践行，才能将思想政治教育内化为德行，外化为自觉的行动。

在设计和组织践履型实践教学时，必须立足现在，着眼长远，教育学生"从我做起，从小事做起，从现在做起"。学生参加相关的校园知识宣传或知识竞赛，帮助贫困同学，自觉从事义工、环境保护、倡导诚信等行动，通过这些行动，既帮助他人、共建文明校园，同时也使学生自己受到教育，得到锻炼。参加活动的学生，在活动结束后写出总结报告，介绍活动经过，写出自己在活动中的感受及所受到的教育，最终落实在自己日常行为中。

践履型实践中，任课教师可以根据教学目标和要求，设计"校园小调查"实践教学，学生首先组成实践小队，对问题进行研究；围绕问题合理设计调查问卷；对不同学生群体展开调查；分析调查结果并写出调查报告。在调查过程中，学生对所调查的问题有了比较全面而客观的了解，再经过认真的分析、讨论和交流，能够得出正确认识，并逐渐构成自己的价值体系和行为准则。

比如在讲建设美丽中国时，可设置问题"结合2020年初的新冠肺炎疫情，你认为人与自然的关系是什么？如何从自身做起，从身边小事做起，坚持人与自然和谐共生？你身边有哪些与之不和谐的事？"通过校园调查、讨论和交流，让学生透过校园"小问题"，更加深入了解和认识社会"大问题"，从而自觉树立环保意识。

再比如讲新民主主义革命理论时，可设置问题"中国共产党的初心是什么？作为21世纪大学生你的初心是什么？"。在设计有关"诚信"问题时，可以安排学生参加诚信考试的实践活动，要求学生在"诚信承诺书"上签名，承诺"信以律己，诚以待人"等等。

第三节 社会实践和网络实践教学模式

一、社会实践教学模式

（一）思政社会实践的育人功能

大学生社会实践，是指大学生通过一定有效的规范的组织，在专业的指导教师的指导下，利用课余时间或者寒暑假时间，初步与社会接触，做一些基础的工作和活动，从而验证所学知识提高个人能力。作为大学生涯的重要组成部分，它是大学教育的一个重要环节，是第一课堂理论知识的延伸，能够让大学生走下网络、走出宿舍，提前接触社会，为以后的工作发展奠定基础，对于学生提高融入社会的能力有着极为重要且关键的意义。

"概论"课的社会实践，是"大思政"背景下思政社会实践的一部分，是以"走出去"向社会教育延伸的方式，具有重要的育人功能，它通过社会实践活动，促进受教育者综合素质的全面提升，实现受教育个体的全面发展。事实证明，思政课只有通过学生参与社会实践才能把政治理论、道德规则、法律规范内化于心，外化于行。根据社会实践的特点，思政社会实践具备的育人功能主要分为以下五个方面。

1. 思想政治教育功能

思想政治教育功能是社会实践的核心功能。思想政治教育具体分为世界观教育、人生观教育、价值观教育、道德观教育、法治观教育五个方面，这些教育内容对受教育者思想道德素质的提升和个人的全面发展发挥重要作用。思想政治教育功能包含于社会实践育人内容体系，通过实践活动连接校园与社会，打造社会实践的平台，为广大学生提供了验证理论知识正确性和有效性的实施途径。

2. 学习研究深化功能

学习研究深化功能是社会实践的基础功能。"纸上得来终觉浅，绝知此事要躬行"，通过社会实践，实现理论知识在现实生产生活中的开展运用，促进理论知识的深化和成长经验的积累。理论知识与现实生产生活存在距离，实践环节在连接理论和现实中发挥重要桥梁纽带作用，拉近理论教育与实际运用之间的鸿沟。通过亲身实践，将学习过程中掌握的方法、知识、理论、观点进一步深化、巩固和提升。

3. 身心发展促进功能

社会实践是大学生与社会沟通的重要渠道，帮助大学生逐步实现身份的转变，提升"校园人"向"社会人"转化过程的健康化和有效性。首先，增强受教育者适应社会的心理调适和情绪调控的功能，提高适应社会的能力。走入社会生活，大学生需面对复杂的社会关系，承担消极的现实压力，而社会实践有效培育大学生的鉴别力、承受挫折与压力的能力，帮助大学生树立积极的人生态度、形成和谐的人际关系、磨练坚韧的意志品质。其次，帮助大学生掌握社会规范，了解社会角色，适应工作岗位，缩短社会适应期，把时代要求内化为自我意识，把个人发展与社会责任联系起来。

4. 综合能力培养功能

综合能力包括自主学习能力、独立工作能力、创新创造能力三个方面。首先，自主学习能力的培养得益于社会实践环节教师的非全程参与，这为大学生独立自主学习创造了基础条件。大学生独自走出校园，以个人身份涉足社会，完成实践任务，实现自我教育，达成实践目标。其次，大学生以团队的形式开展实践活动，不仅锻炼个人独立思考、独立处事、单独交往的能力，同时也提升其个人在团队工作中协同合作能力。最后，通过社会实践，学生直接暴露在真实复杂的社会环境中，接收未经过滤的社会信息，亲身经历维系陌生的社会关系，这对大学生信息收集、侦辨能力、环境适应、优化能力和人际关系的协调、完善能力都提出了挑战，历经锤炼后学生的创新、创造和创业能力得到提升。

5. 人文素质提升功能

人文素质的培养来源于人文教育，一方面是人文科学和艺术教育，另一方面是教育的人文性。人文教育在高校人才培养体系中具有一定的基础性地位，在第一课堂通过专业知识的传播渗透人文教育，而社会实践作为高校课堂教学的延伸，是大学生成长成才不可或缺的重要环节，人文教育功能的有效发挥无可厚非。社会实践通过讲座、会议、参观等多样形式向大学生传递文学、历史、哲学、艺术以及优秀传统文化的相关知识，通过创造、表演以文艺作品的形式直接开展与人文相关的实践活动。人文素质提升功能是社会实践育人的拓展功能，丰富了实践育人的内涵。

（二）思政社会实践模式

依据场所标准，思政课实践教学可以分为校外实践教学和校内实践教学两种形式。两者既有区别又有联系，都是与课堂教学相对应的教学方式，区别是实施场所、形式与特点不同，校外实践教学是走出课堂，走出校门，走进社会，具有参与面欠广泛，操作性不强的特点，主要有校外参观访问、调查研究、志愿服务活动、校外基地实践等形式的实践活动。

1.社会志愿者

以志愿服务的形式参加社会实践，可以培养大学生服务社会的意识，增强为人民服务的本领，破除享乐主义、拜金主义、利己主义的错误认知，树立远大理想，把个人的小我融入祖国的大我中去，为国家发展和社会进步作出自己的贡献。

例："青春无悔，不负韶华——击疫情，现代学子在行动"

2020年1月24日，天津市启动了《天津市新型冠状病毒感染的肺炎应急预案》一级响应，天津现代职业技术学院密切关注疫情形势发展，积极贯彻落实学校疫情防控工作要求，通过微信群、电话、微信平台等多种方式宣传疫情防控知识，将思想政治工作落实到每一位师生。

青年学子们也都纷纷投身到防疫一线，在自己的家乡进行志愿服务，为疫区捐款捐物，默默无闻的贡献自己的力量。

总有一种感动，令人潸然泪下；总有一种温暖，令人如沐春风；总有一种逆行，令人备受鼓舞。志愿者们来自学校3个年级各个专业，他们在新疆、甘肃、内蒙古、天津等地，他们为社区居民消毒、测量体温、登记来访信息、采购日常用品、为复工人员理发，积极宣传防控知识，他们用自己的实际行动保护自己的家园，为武汉加油，为中国加油。

作为新时代的青年，他们都在为抗击疫情守护人民健康贡献自己的一份青春力量！这些志愿者们的无私加入，使各个社区疫情防控的屏障更加的坚固。相信在大家共同的努力下，定会打赢这场没有硝烟的阻击战，迎来阳光明媚的春天！

2. 校外实践基地

历史是"最好的教科书"。构建"正确的历史观",讲好中国故事,传播好中国声音,就要向中国年轻一代讲好自我故事,让生活在新时代的青年了解立体及真实的中国。思政社会实践不同于一般其他学科的社会实践活动,在历史虚无主义思潮影响下,为防止新时代大学生对本国历史事件及历史人物予以抽象简单认知,在思政社会实践中,需要注重对于历史尤其红色历史资源的挖掘,引导大学生对这些历史进行体验与感知。

我国具有丰富的红色资源,红色资源是中国共产党领导人民进行革命、建设和改革开放的历史记载,反映着革命先辈的崇高革命精神,不但具有深刻的政治内涵、历史内涵,还具有丰富的精神和文化内涵。红色资源可以集中、具体、直观地反映中国共产党的奋斗历史和革命精神。通过校外红色基地的实践活动,大学生可以进一步接受爱国主义教育,树立热爱祖国、忧国忧民的高尚情操,增强民族自信心和自豪感。

"概论"课社会实践中,很多高校调动社会资源建立思政课校外实践教学基地,加强大学生社会实践活动。社会实践活动结束后召开实践教学成果汇报会,同学们把自己的收获制作成PPT,图文并茂地展示自己的参观学习成果,互相交流自己的体会。校外实践基地的参观活动对他们心灵的影响之深,此效果绝非课堂说教可以达到。

以天津现代职业技术学院胶东(威海)教育基地实践教学活动为例。

为提升思政课实践教学改革创新,增强思想政治理论课的吸引力、亲和力和针对性,提升思想政治理论课教学质量和水平,为探寻民族复兴初心、传承红色基因,不断提升思想水平和使命担当意识,我校组织全体思政教师和部分学生代表赴胶东(威海)教育基地开展为期三天的实践活动。实践活动以现场教研学为主要形式,先后组织师生到甲午战争陈列馆、东鸿炮台、历史选择展馆、海军公所、天福山起义纪念馆、收回威海卫纪念塔等教学点,进行现场教研学活动。师生们先是聆听了威海市委党校李永玲专家的题为《为什么是中国共产党》的主题教育现场授课。围绕甲午国殇与复兴梦想、历史为什么选择了中国共产党、中国共产党为什么"能"三个问题给大家阐明历史为什么选择了中国共产党作为中华民族伟大复兴的领导者。师生们听完以后,深受启发和触动,表示一定要牢记中华民族曾经遭受过的屈辱、受到的创伤,从而进一步增强使命担当，提高"民族复兴有我在"的思想自觉和行动自觉。

在中国甲午中日战争博物馆，讲解员带领师生们回顾了甲午战败、北洋水师全军覆没以及签约、割地、赔款的事件，生动感受了国破山河碎的切肤之痛；历史选择展馆通过在中国民族独立和复兴的进程中各种政治力量和各种主义的比较，通过展示中华民族从站起来、富起来到强起来的伟大飞跃，大家全面了解了甲午战争的全过程及对近代中国的深刻影响，深刻领悟了在民族危难之时历史和人民选择中国共产党作为民族复兴伟业的领航者的历史必然性，增强了为实现中华民族伟大复兴而努力的责任感、使命感。

在天福山起义纪念馆，师生们学习了胶东党组织发展历程、天福山起义伟大壮举、胶东军民浴血抗战等事迹，深刻感悟先烈们的崇高信仰和坚定信念。

在收回威海卫纪念塔，学生代表发表感言，她说到，收回威海卫纪念塔高32尺，每一尺，都印证着中华民族华夏儿女对中国领土主权的捍卫精神！这段历史让她对这座纪念塔肃然起敬，在她心里落下深深的印记，无比敬佩民族英雄的报国之心和爱国之情，甲午战争的失败并没有抹煞这些民族英雄的故事，他们对于中国的情感和作为，一代代得以传承，同时更激励着一代代的中国人。作为一名新时代的大学生，要遵纪守法、文明团结、刻苦学习科学文化知识，提高自身素质，掌握建设小康社会的真本领真本事，时刻听从党召唤，到祖国最需要的地方去，贡献知识，奋力拼搏，为实现伟大复兴的中国梦尽职尽责！随后，学生代表发出倡议，请在场的学生跟她一起在收回威海卫纪念塔庄严承诺：热爱祖国、坚定信念，勇于担当起时代赋予我们的伟大使命和责任；求真务实、刻苦学习，努力掌握好服务人民、报效祖国的过硬本领；深入实践、关注社会，牢固树立起为国家发展建功立业的坚定信念；培养品德、充实精神，塑造互助友爱、甘于奉献的高尚品质。

本次实践教学活动触动了心灵、升华了思想，进一步增强了学生对国家历史的认同感和致力民族复兴的责任感与使命感，坚定了实现中华民族伟大复兴中国梦的信心和决心。学生们表示，通过现场的实践学习，进一步深化了理论知识，也让他们对历史、对民族复兴的中国梦有了深刻的理解，要坚定理想信念，以更大的热情投入到学习中去。

大学生的社会实践形式多种多样，总之，今天我们面临是前所未有的新时代，是中国特色社会主义建设的关键时代，强化社会实践活动中的思想政治教育功能需要学校、老师、学生、社会多方共同的努力。作为社会实践的主体和受教育的主体，大学生要立志成为社会主义建设者和接班人，在实践中增强为人民服务的本领的同时，还要不断端正思想观念、提升自身道德修养，为推动"两个一百年"奋斗目标、实现中国梦贡献力量。

二、网络实践教学模式

（一）高校思政网络实践教学的必要性

网络实践教学又被称为"第三课堂"。新时代是物联网与大数据发展的时代，科技一路高歌猛进，当前在校大学生普遍是伴随着互联网发展而成长起来的一代，也可称为移动互联网时代的"原住民"。他们不仅在思维方式、认知情感、行为习惯和信息获取方法等方面深受互联网的影响，同时也是互联网生活的参与者以及互联网新技术发展的重要反馈者和推动者。

随着社会经济的不断发展，越来越多的网络活动逐渐在学生之间展开。与此同时，复杂的网络舆情也对高校意识形态工作的开展产生着巨大的影响，随着全国高校思想政治工作的革新，思政教学的定位对于舆论的引导和道德的培养是一种互动有效的教学模式。网络实践教学已成为高校思政课实践教学的新拓展。利用多种互联网工具和新媒体平台开展育人工作，有利于增强亲和力，最大限度地满足学生成长中的需求和期待。思政理论课程作为全面贯彻党的教育方针、实现高等教育内涵式发展的灵魂课程，必须不断创新网络教学这一有益的课堂教学补充形式，推动传统教学与现代信息技术的有机融合，增强时代感和吸引力。

运用网络进行思政实践教学活动，教师可以建立相应的网络平台，把与思政课教学有关的案例、视频、课件、重要人物、历史事件上传在相应的网络教学平台，图文并茂、声光交织，生动形象，学生可以利用课余查看，学生也可以在平台上相互讨论自己对社会内容或者课程内容的看法或者是向教师提出问题，让教师加以解决，另外，教师还可以将相应的课程作业放在平台上面，让学生能够及时的在平台上做好自己应该主动完成的内容，在一定程度上为学生和教师提供了方便以及节省了空间。另外，学生还可以加相应的课程教师的QQ或微信，有问题的时候能够及时的让教师帮忙解决。由此可见，网络教学有利于学生加深对理论知识的思考以及对社会的思考，这样既提高了思想政治教育资源的运用效率，增强了教育的影响力，学生也加深了对课堂理论的理解，以便在课余内化为自己的实际行动，从而促进了网络环境能够和谐的发展。

（二）思政网络实践教学模式的构建

1. 建立专门的学生门户网站是思政课实践教学网络平台构建的核心

美国是世界上最早提出教育信息化的国家，实践教学网络平台也是在西方国家最早被应用，高职思政课实践教学网络平台的构建是教育信息化和校园数字化发展的必然结果。高校应根据本校的特点及实际的需要建立一个专门的学生门户网站，作为思想政治理论课实践教学的网络平台，学生注册上网，通过一站式的门户网站，使学生能够主动加入网络平台，参与思政课实践教学。

2. 成立优质的实践教学团队是思政课实践教学网络平台构建的保障

教师是思政课实践教学的主导者、策划者、指导者、参与者，实践教学团队的教师包括思想政治理论课教师、辅导员、团委、学工部、宣传部门人员以及校内外志愿者，通过师资资源整合，他们都最大限度地为实践教学提供服务。教师自身的政治素质、教学态度、网络技术、知识积累直接决定着实践教学开展的过程以及实践教学的成效。

3. 提供"自助式"的实践教学模式是思政课实践教学网络平台构建的关键

思政课教学中知识的生成和应用离不开实践教学活动的开展，实践教学网络平台的构建推动了思政课实践教学的创新。实践教学强调的是"以学生为中心"，尊重学生的主体地位、尊重学生的个性需求、重视学生的内部动机，把学生作为教学的主体，教师作为学生积极学习的促进者、深入学习的指导者，为学生答疑解惑。实践教学网络平台通过为学生提供丰富的实践活动资源，让学生根据自身的需求进行自主选择，并通过网络平台实现自由报名，在组织老师的带领下积极参与到实践活动中来，在活动中激发学生的问题意识，培养学生解决问题的能力。实践活动结束后，学生按老师要求在平台上互动交流、发布实践成果，使平台成为学生获取知识与实现自我的场所。这种"自助式"的实践教学模式体现了思政课实践教学从教材体系到学习需求的转变、体现了师生角色的转变。在实践活动中，师生之间主体间性关系的构建激发了学生学习的主动性与积极性，促进了学生的全面发展。

4. 实施线上线下联动的实践考评机制是思政课实践教学网络平台构建的重点

思政课实践教学网络平台的有效运行离不开高校思政课的考评机制，各高校的思政课教学虽然都注重实践教学，但与思政课的理论教学相比，实践教学缺乏理论教学中严谨的教学制度、详细的教学方案、可行的教学方法、严格的考试安排以及明确规定的课时和学分，导致思政课实践教学流于形式、实效性低。为了真正发挥实践教学网络平台在思政课教学中的作用，高校应该严格按照规定从思想政治理论课中划出实践教学的学分，并在实践教学网络平台上完善实践教学的实施方案、内容、形式及考核细则。通过学生在线下参与实践活动的态度、表现和线上的交流互动、成果展示来进行联动的考评，以真实地反映学生参与实践教学的收获和效果。

探索是无止境的，思政课实践教学方法需要研究者和实践者们结合自己学校的实际育人环境，有针对性地研究思政课教学的规律，继续探索和创新，不断完善教学实践的方法与方式，从而促进思想政治理论课的不断发展。

第三章 《毛泽东思想和中国特色社会主义理论体系概论》实践教学项目分析

第一节 实践教学的理论逻辑

理论性是思想政治理论课的学科特点和基础，理论逻辑是理论体系的构成要件和前提，思想政治理论课教学必须要回到理论逻辑中去，没有逻辑性的理论是经不起推敲也站不住脚的。马克思主义之所以是科学，是因为经过了两百年的历史和实践检验，至今仍然是颠扑不破的真理，说明其有严密的逻辑性和科学性。《毛泽东思想和中国特色社会主义理论体系概论》课理论性、逻辑性和体系化的特点，要求实践教学同样要有理论指导，有其内在的教学特点和逻辑关系，而当下《毛泽东思想和中国特色社会主义理论体系概论》课实践教学的薄弱环节恰恰就是缺少设计理念、内容方面没有深度、缺乏实践教学的体系化和逻辑性。因此，《毛泽东思想和中国特色社会主义理论体系概论》课的实践教学设计要体现理论与实践相统一的整体性，创新设计理念，实现理论课和实践教学相互促进。

首先，《毛泽东思想和中国特色社会主义理论体系概论》课程是从整体上阐释马克思主义中国化理论成果，既体现了马克思主义中国化成果形成和发展的历史逻辑，又体现了理论成果之间的理论逻辑，既有整体性又有重点、创新和难点。该课程需要讲清楚马克思主义中国化理论的形成、发展、创新过程，讲清楚马克思主义中国化的两次历史性飞跃内在的联系及其历史意义。实践教学设计原则，必然要在理论逻辑性的指导下，架构其逻辑性。因此，实践教学模块内部教学设计要有逻辑性，教学模块之间也要体现逻辑性，围绕理论教学的重点内容和主题，实现实践教学环节的环环相扣。

其次，理论教学与实践教学在内容上具有内在的交融，它们彼此相互关联，相互转化，相互贯通。一、系统的理论教学是实践教学的理论基础，没有理论指导的实践，是盲目的、无效的。其次，"功能互补，理论教学的主要功能是教化功能，是以老师课堂讲授来传播理论的思想性、理论性。实践教学的主要功能是践行功能，则在于体验、参与、互动，实践教学以学生为主体，发挥学生的主动性和参与热情，以实践教学调动学生学习理论的积极性，实现知行合一。中共中央办公厅、国务院办公厅在《关于深化新时代学校思想政治理论课改革创新的若干意见》中再次指出，要不断增强思政课的思想性、理论性、亲和力、针对性，其中思想性和理论性的功能在于课堂讲授，亲和力和针对性，则需要实践教学功能来完成。讲好《毛泽东思想和中国特色社会主义理论体系概论》课，要做到两者功能的优势互补，相互配合，才能有实效性，完成教学目标。

再次，理论教学和实践教学是《毛泽东思想和中国特色社会主义理论体系概论》课教学过程的两个方面，在教学模式设计上两者之间可以交互进行，不能割裂开来。理论课堂也可以有实践教学，实践教学中也可以现场教学讲授理论。理论知识浸入现实实践中，可以让理论知识更加有说服力；而理论教学中加入实践的元素，也会让课堂更加生动鲜活。因此，理论教学与实践教学模式可以"双向互动"。

最后是教学成果相互转化，也就是我们经常讲的知行合一。理论教学的最终目的是为了指导实践，回到实践中去，在实践中得以检验和发展。对于《毛泽东思想和中国特色社会主义理论体系概论》课来说，既不能只重视理论教学轻视实践教学，也不能把实践教学简单视为课外活动，或者是单纯的为了学生的兴趣而娱乐化，这样就冲淡了理论课程的政治高度以及该课程本身所具有的严谨性特征。注重《毛泽东思想和中国特色社会主义理论体系概论》课程的实效性，就要实现理论成果与实践成果的相互转化。在学习考核方面，既包括学生掌握基础理论知识的试卷考试，也应该包括实践教学过程化考核，通过整体化考核来检查学生理论转化为思想、变为行动的教学效果转化程度。

实践教学设计处理好理论教学与实践教学的相互促进，是创新和构建实践教学设计的关键。我们在该课程中，以案例、问题为驱动，把"学习——思考——实践——内化——应用"的循环过程分为"学知识"、"思问题"、"践真知"、"悟原理"、"知行合一"五个环节构成整体教学逻辑，使学生能够在学习理论的同时，获得思考、实践、行动的结果，达到知行合一。具体来讲包括的实施步骤分为："课前导学"＋"理论课堂"＋"实践课堂"＋"课后拓展"四个过程。使学生能够在学习理论的同时，获得思考、实践、行动的结果，最终达到知行合一。"课前导学"：精准推送案例与资源，实现知识学习数字化；"理论课堂"：依托平台实现观点思想交流实时化；"实践课堂"：走进基地实践学，实现情景情境体验活跃化；"课后拓展"：深入日常生活学，实现思政知识应用专业化。整个学习过程坚持教师主导性和学生主体性相统一。

根据《毛泽东思想和中国特色社会主义理论体系概论》课程章节的分布，选取课程中第十三章《中国特色大国外交》做具体的教学分析：

第二节 《中国特色大国外交》的教学实施

一、教学分析

1. 教学目标分析

"中国特色大国外交"是概论课第十三章内容。本章内容在概论课中属于"习近平新时代中国特色社会主义思想"的重要部分，主要目的是帮助学生能够全面、准确地理解新时代中国特色大国外交，掌握人类命运共同体的科学内涵。具体教学要求是让学生能够从整体上认识当今世界的局势，理解我国所坚持的独立自主的外交政策，坚持和平发展之路，充分认识习近平新时代中国特色社会主义思想之推动构建人类命运共同体思想，理解和掌握构建人类命运共同体思想的科学内涵，全面理解促进"一带一路"国际合作，共商共建人类命运共同体。

（1）知识目标：

认识当今世界大发展大变革大调整的局势

理解推动构建人类命运共同体的原因

理解"一带一路"对于推动构建人类命运共同体的作用和意义

（2）能力目标：

能够辩证的分析中国外交以及国际事件

（3）素质目标：

理解并认同中国特色大国外交

增强投身到推动构建人类命运共同体的自觉性、主动性和创造性

2. 教学内容分析

"大道之行也，天下为公。"我们的事业是同世界各国合作共赢的事业。面对国际形势的深刻变化和世界各国同舟共济的客观要求，以习近平同志为总书记的党中央，创造性地提出构建"新型国际关系"的宏大构想，丰富和发展了我国的外交思想，深刻影响着国际关系的发展。党的十八大以来，"新型国

际关系"在习近平总书记的公开讲话与文章中频频出现。在第八轮中美战略与经济对话和第七轮中美人文交流高层磋商联合开幕式上，习近平强调："中国坚定不移走和平发展道路，倡导各国共同走和平发展道路，推动构建以合作共赢为核心的新型国际关系，打造人类命运共同体。我们愿同世界各国加强合作，共同维护以联合国宪章宗旨和原则为核心的国际秩序和国际体系，推动国际秩序朝着更加公正合理的方向发展，让我们生活的这个星球更加美好。"

本章由两节内容构成。第一节是坚持和平发展道路，主要讲述当今世界正处于大发展大变革大调整时期，坚持独立自主和平外交政策（包括中国外交政策的形成过程），推动建设相互尊重、公平正义、合作共赢的新型国际关系三个方面；第二节是推动构建人类命运共同体，讲习近平新时代中国特色社会主义思想中构建人类命运共同体思想的内涵，促进"一带一路"国际合作，共商共建人类命运共同体三方面内容。

两节内容前后连贯，相互联系，环环相扣，构成一个严密的逻辑体系。第一节内容主要是引论性质，是通过分析当今世界局势，和平、发展、合作、共赢成为不可阻挡的时代潮流。也就是"是什么"的问题，同时以历史脉络表明中国实现和平发展，是中国人民的真诚愿望和不懈追求。引出世界需要建设相互尊重、公平正义、合作共赢的新型国际关系。第二节内容属于本论性质，新时代呼唤新思想，解决新的国际问题必然要求确立新的历史使命，新的历史使命需要从理论和实践上解决好人类共同的问题，正是在解决共同问题中，中国不断的贡献中国之水和中国方案，形成了习近平新时代中国特色社会主义思想之人类命运共同体的思想，本节就是全面阐述推动构建人类命运共同体，并且将这一思想应用于实际——促进"一带一路"国际合作。

3. 教学重难点分析

（1）教学重点：

推动构建新型国际关系

推动构建人类命运共同体

（2）教学难点：

"一带一路"对推动构建人类命运共同体的意义和作用

二、教学策略

按照本课程整体的教学设计思路，我们遵循"学思践悟行"的教学逻辑，有机处理第十三章的两节内容，在每个环节中，让学生在立体灵动的课堂教学氛围中，深刻领会习近平新时代中国特色社会主义思想之推动构建人类命运共同体思想。

1. 课前导学

首先，为学生精准推送案例资源，学生对本章节内容进行简单的认识，通过平台推送学习强国的《习近平新时代中国特色社会主义思想三十讲》中第二十六讲《构建人类命运共同体》和第二十七讲《促进"一带一路"国际合作》以及教师授课PPT《第十三章 中国特色大国外交》。还可以通过虚拟的3D数字马列馆，让学生了中国特色大国外交。通过平台，让学生识得本次主题。

其次，在平台上发布测试题，学生借助课程平台，完成本主题知识的自测自评，教师后台查看学生答题情况，调整教学策略。同学们在平台进行讨论，学生互相评价，学生讨论显示活跃度，而不是答案对错。这样不仅可以激发学生积极思考问题，为后面内容的展开做好铺垫，而且在师生互动交流中，学生更能深刻地了解当今世界的现状和自己肩负的历史使命。

2. 理论课堂

在理论课堂上，分为"析主题"、"议主题"、"达共识"、"分任务"四个环节，通过实时互动，教师深入讲解本章内容，建立学生的理论体系认知，搭建知识框架：

一、坚持和平发展道路

1. 世界正处于大发展大变革大调整时期。

和平与发展仍然是时代主题。世界多极化、经济全球化、社会信息化、文化多样化深入发展，全球治理体系和国际秩序变革加速推进，各国相互联系和依存日益加深，国际力量对比更趋平衡，和平发展大势不可逆转。

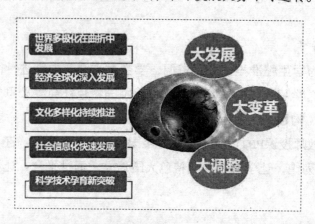

世界正处于大发展大变革大调整时期

（1）充分估计国际格局发展演变的复杂性，更要看到世界多极化向前推进的态势不会改变。

（2）充分估计世界经济调整的曲折性，更要看到经济全球化进程不会改变。

（3）充分估计国际矛盾和斗争的尖锐性，更要看到和平与发展的时代主题不会改变。

（4）充分估计国际秩序之争的长期性，更要看到国际体系变革方向不会改变。

（5）充分估计我国周边环境中的不确定性，更要看到亚太地区总体繁荣稳定的态势不会改变。

2. 坚持独立自主和平外交政策

（1）尊重各国人民自主选择发展道路的权利，反对把自己的意志强加于人，反对干涉别国的内政。

（2）维护国际公平正义，反对以强凌弱。

（3）中国决不会以牺牲别国利益为代价来发展自己，中国发展不对任何国家构成威胁。

（4）中国奉行防御性的国防政策。

二、顺应时代潮流的中国方案——构建新型国际关系

1．新型国际关系的内涵

一花独放不是春，百花齐放春满园。"新型国际关系"的核心是"合作共赢"。合作共赢是双方或多方在合作中互惠互利、相得益彰，让合作各方都有所获或各得其所。合作共赢以合作为路径，以共赢为目标，是通向新型国际关系的路线图。合作与共赢相辅相成、浑然一体。中国外交部长王毅说："新型国际关系到底新在哪里？如果要用一句话来概括，那就是：以合作取代对抗，以共赢取代独占，不再搞零和博弈和赢者通吃那一套。"

A、政治上建设内容丰富、形式多样的伙伴关系

当今世界，各国利益交融，兴衰相伴，安危与共。我们要在国际和区域层面建设内容丰富、形式多样的伙伴关系。这种伙伴关系具有平等性，各国享有同等权利，承担同样义务，不分主次，不论高低；具有和平性，不设假想敌，不针对第三方；具有包容性，志同道合是伙伴，求同存异也是伙伴。迄今，中国已同80多个国家、地区或区域组织建立了不同形式的伙伴关系，努力走出一条"对话而不对抗，结伴而不结盟"的国与国交往新路。

B、经济上力促共同发展

发展的不平衡，无疑是当今世界面临的最大挑战之一，也是一些国家社会动荡的重要原因。"我们要携手使世界经济增长更加包容。"习近平主席说，二十国集团的一项重要使命，就是本着杭州峰会确定的包容增长理念，处理好公平和效率、资本和劳动、技术和就业的矛盾。

C、安全上营造公道正义、共建共享的安全格局

没有和平就没有发展，没有稳定就没有繁荣。各国安全紧密相关，摒弃过时冷战思维，树立共同、综合、合作、可持续的新安全观是当务之急。各国都应该坚持联合国宪章宗旨和原则，坚持多边主义，通过对话协商解决分歧和争端，求同存异、聚同化异，共同构建合作共赢的新型国际关系。

D、文化上倡导不同文明的包容互鉴，促进和而不同、兼收并蓄的文明交流

从打造人类命运共同体的高度出发，习近平总书记先后在多个重要场合提出要加强文明交流对话和包容互鉴，指出文明交流互鉴是推动人类文明共同进

步和世界和平发展的重要动力。习近平总书记关于文明交流互鉴重要论述，为形成世界各种文明丰富多彩、充满活力、和谐共处的相互关系，进而打造人类命运共同体贡献了中国智慧。

2. 建立新型国际关系的意义

"虽有智慧，不如乘势。"时代潮流滚滚向前，顺之者昌逆之者亡。面对错综复杂的国际形势，如何才能处理好国家间关系、保持国际社会稳定发展？这是各国都在思考的问题。2013年3月，习近平在俄罗斯的莫斯科国际关系学院演讲时提出："面对国际形势的深刻变化和世界各国同舟共济的客观要求，各国应该共同推动建立以合作共赢为核心的新型国际关系，各国人民应该一起来维护世界和平、促进共同发展。"这是习近平当选国家主席后的首次出访，也是"新型国际关系"这一概念的首次提出。从此，"新型国际关系"不断出现于各种国际场合，在处理国际关系时用于表达中国立场，展现"中国方案"。

三、同心打造"人类命运共同体"，引领世界秩序重塑

1. "人类命运共同体"的思想渊源

自党的十八大报告提出"倡导人类命运共同体意识"以来，习近平在外交场合多次强调"人类命运共同体"，展现了中国负责任大国的形象，表达了中国追求和平发展的愿望，在重大国际事务面前，积极发挥建设性的引领作用，在世界舞台上空，回荡着铿锵有力的大国之声。

当今世界，各国相互依存、休戚与共。我们要继承和弘扬联合国宪章的宗旨和原则，构建以合作共赢为核心的新型国际关系，打造人类命运共同体。

——2015年9月28日，在出席第七十届联合国大会一般性辩论时发表题为《携手构建合作共赢新伙伴 同心打造人类命运共同体》的讲话

A、中华优秀传统文化中的"天下观"

"求同存异"，即不以意识形态与制度来划线，而是着眼于彼此的共同利益。"和平共处五项原则"，即"互相尊重主权和领土完整、互不侵犯、互不干涉内政、平等互利、和平共处"，其在1955年4月召开的印尼万隆会议（亚非会议）上又被扩展为"十项原则"，堪称当代处理国家间关系的圭臬。

B、新中国倡导的"求同存异"与"和平共处五项原则"

"求同存异"，即不以意识形态与制度来划线，而是着眼于彼此的共同利

益。"和平共处五项原则",即"互相尊重主权和领土完整、互不侵犯、互不干涉内政、平等互利、和平共处",其在1955年4月召开的印尼万隆会议(亚非会议)上又被扩展为"十项原则",堪称当代处理国家间关系的圭臬。

C、"和谐世界"对外战略思想

2006年8月召开的首次中央外事工作会议提出"坚持推动建设和谐世界",其内涵包括四个支柱:政治上致力于同各国相互尊重、扩大共识、和谐相处,促进国际关系民主化;经济上致力于同各国深化合作、共同发展、互利共赢,促进世界普遍繁荣;文化上致力于促进不同文明加强交流、增进了解、相互促进,倡导世界多样性;安全上致力于同各国加深互信、加强对话、增强合作,共同应对人类面临的各种全球性问题,促进和平解决国际争端,维护世界和地区安全稳定。

D、是党的十八大报告

2012年11月通过的中共十八大报告明确提出要"继续促进人类和平与发展的崇高事业",强调"人类只有一个地球,各国共处一个世界。要和平不要战争,要发展不要贫穷,要合作不要对抗,推动建设持久和平、共同繁荣的和谐世界,是各国人民共同愿望。"中国主张在国际关系中弘扬"平等互信、包容互鉴、合作共赢"的精神,共同维护国际公平正义,而"合作共赢"就是要倡导"人类命运共同体"意识,在追求本国利益时兼顾他国合理关切,在谋求本国发展中促进各国共同发展,建立更加平等均衡的新型全球发展伙伴关系,同舟共济,权责共担。

2.推进"人类命运共同体"的基本路径

稳步推进"人类命运共同体"建设,以"一带一路"为引领,以"利益共同体"为纽带。

A、"一带一路"基本内涵

"一带":丝绸之路经济带,是中国与西亚各国之间形成的一个经济合作区域,大致在古丝绸之路范围之上,包括西北山西、甘肃、青海、宁夏、新疆等五省区,西南重庆、四川、云南、广西等四省市区。

一路:21世纪海上丝绸之路,不仅限于东盟,而是以点带线,以线带面,增进同沿边国家和地区的交往,串起连通东盟、南亚、西亚、北非、欧洲等各大板块的市场链,发展面向南海、太平洋和印度洋的战略合作经济带,以亚欧非经济贸易一体化为发展的长期目标。

中国提出共建"一带一路"倡议以来，开展了积极行动，得到了全球140多个国家和80多个国际组织的积极支持和参与，联合国大会、联合国安理会等重要决议纳入相关内容。经贸合作扎实推进，"一带一路"金融合作初具规模，一大批互联互通项目规划实施，各领域人文合作深入开展。2017年5月首届"一带一路"国际合作高峰论坛成功举办，高峰论坛形成涵盖政策沟通、设施联通、贸易畅通、资金融通、民心相通5大类、共76大项、270多项具体成果，成为新时期推动全球发展合作的机制化平台。丰硕的成果表明，"一带一路"倡议顺应时代潮流，适应发展规律，符合各国人民利益，具有广阔前景。

B、"一带一路"建设对推动构建人类命运共同体具有重要的意义和作用

党的十九大提出要以"一带一路"建设为重点，坚持引进来和走出去并重，遵循共商共建共享原则，加强创新能力开放合作，形成陆海内外联动、东西双向互济的开放格局。

一是要坚持引进来和走出去并重，深化双向投资合作。坚持两者并重，进一步挖掘双向投资潜力，促进要素自由流动、资源高效配置金额市场深度融合，为开放性世界经济注入新动能。继续稳步扩大对外投资，鼓励沿线国家来华投资，营造投资合作良好环境，促进贸易双向平衡。

二是坚持共商共建共享原则。充分尊重各国差异，共同探讨符合各国国情的合作模式；深度对接有关国家和区域发展战略，实现优势互补，协同并进；不断增强各参与方的获得感，充分调动各方面积极性。

三是加强创新能力开放合作，主要是加强技术创新合作、理论创新交流互鉴、创新人才资源交流合作。

四是把"一带一路"与构建人类命运共同体更加紧密结合起来。与落实2030年可持续发展议程紧密结合起来，打造国际合作新平台，增添共同发展新动力，把"一带一路"建成和平之路、繁荣之路、开放之路、创新之路、文明之路。

四、共商共建人类命运共同体

第一，坚持和平发展道路，推动建设新型国际关系。我们不能因现实复杂而放弃梦想，不能因理想遥远而放弃追求。

面对充满希望与挑战的世界，我们要坚定不移推动建设相互尊重、公平正

义、合作共赢的新型国际关系，为构建人类命运共同体打下坚实基础。我们将
高举和平、发展、合作、共赢的旗帜，恪守维护世界和平、促进共同发展的外
交政策宗旨，坚定不移在和平共处五项原则基础上发展同各国的友好合作。坚
定维护国际公平正义，反对霸权主义和强权政治。坚决捍卫国家利益，永远不
称霸，永远不搞扩张。

第二，不断完善外交布局，打造全球伙伴关系网络。

我们要全面发展同各国友好合作，不断完善我国全方位、多层次、立体
化的外交布局。推进大国协调和合作，构建总体稳定、均衡发展的大国关系框
架，按照亲诚惠容理念和与邻为善、以邻为伴周边外交方针深化同周边国家关
系，秉持正确义利观和真实亲诚理念加强同发展中国家团结合作。

第三，深度参与全球治理，积极引导国际秩序变革方向。

我们将秉持共商共建共享的全球治理观，积极参与全球治理体系改革和建
设。坚定维护以《联合国宪章》宗旨和原则为核心的国际秩序和国际体系，推
进国际关系民主化，支持扩大发展中国家在国际事务中的代表性和发言权。建
设性参与国际和地区热点问题的解决进程，积极应对各类全球性挑战，维护国
际和地区和平稳定。积极维护多边贸易体制主渠道地位，促进国际贸易和投资
自由化便利化，反对一切形式的保护主义。中国将继续发挥负责任大国作用，
不断为完善全球治理贡献中国智慧和力量。

第四，推动国际社会从伙伴关系、安全格局、经济发展、文明交流、生态
建设等方面为建立人类命运共同体作出努力。

要坚持对话协商，建设一个持久和平的世界；

要坚持共建共享，建设一个普遍安全的世界；

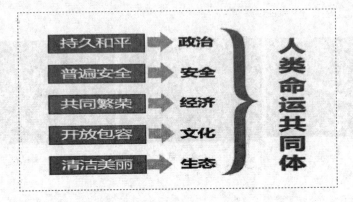

要坚持合作共赢，建设一个共同繁荣的世界；

要坚持交流互鉴，建设一个开放包容的世界；

要坚持绿色低碳，建设一个清洁美丽的世界，让人类命运共同体建设的阳光普照世界。

3. 实践课堂

美国教育家苏娜丹戴克说："告诉我，我会忘记；做给我看，我会记住；让我参加，我就会完全理解。"形象地说明了学生参与教学的重要性。根据理论课堂的教学安排，最后一个环节是分任务，也就是将班级同学分为若干个小组，每个小组承担不同的任务，课下时间进行排练，为实践课堂做准备。实践课堂主要分为"讲演诵唱"四个环节，提前布置任务，让学生用喜闻乐见的方式把思政课讲出来、演出来、诵出来、唱出来，提高学生的参与热情，在玩中学、在学中乐。

（1）"讲"思政

针对本章教学的难点内容："一带一路"对推动构建人类命运共同体的意义和作用，为了让学生更好的巩固学习，加深印象，在实践课堂环节专门安排让学生讲述"一带一路"的昨天、今天和明天，让学生来讲思政课。以天津海河教育园区思想政治教育实践基地为例，学生借助VR资源、红馆模拟场景依次讲诉"一带一路"的昨天、今天和明天，深刻理解古代绸之路的缘起及其发展过程，并深刻理解习近平深刻思考人类前途命运及中国和世界发展大势所提出的宏伟构想和中国方案——推进"一带一路"建设，把"一带一路"与构建人类命运共同体更加紧密结合起来。最后对"一带一路"未来的发展进行畅想，同学们把自己的成长与未来国际走向紧密结合。学生讲完之后，教师进行点评总结。

"演"思政

实现和平发展，是中国人民的真诚愿望和不懈追求。新中国成立近70年来特别是改革开放40年来，中国形成了独立自主的和平外交政策，成功地走上了一条与本国国情和时代特征相适应的和平发展道路。新中国成立前夕，毛泽东就强调，中国必须独立自主，不容许任何帝国主义国家再有一丝一毫的干涉。从新中国成立到20世纪50年代中期，中国外交的中心任务是：巩固新生的人民政权，为社会主义和平建设争取一个有利的国际环境。

1953年12月，周恩来在会见印度政府代表团时，首次系统地提出了和平共处五项原则，并经过1955年的万隆会议为许多亚洲国家所接受。这五项原则后来进一步完整地表述为：互相尊重主权和领土完整、互不侵犯、互不干涉内政、平等互利、和平共处。此后，和平共处五项原则一直是我国处理对外关系的基本准则。党的十一届三中全会以后，我们党在对国际形势作出新的分析和判断的基础上，对我国的外交战略和对外政策进行了重大调整，强调要反对霸权主义，维护世界和平，坚持在和平共处五项原则基础上发展同所有国家的友好合作关系。

"演"思政的环节，要求同学搜集万隆会议相关素材，学生通过角色扮演生动展现当时万隆会议的场景。让学生进一步理解新中国的外交发展历程，理解"和平共处五项原则"和"构建人类命运共同体"的逻辑关系，并对我国坚持独立自主的和平外交政策进行解析。此部分内容充分发挥大学生爱动的特点。通过反复教学实践证明，这样做的教学效果比纯粹的"纸上谈兵"要深刻、生动得多，达到了寓学于乐的效果。

（2）"诵"思政

人类生活在同一个地球村，各国相互联系、相互依存、相互合作、相互

"中国代表团是来求团结的，不是来吵架的"

"中国代表团是来求同的而不是来立异的"

总理在坚持原则的基础上，与其他国家妥善处理分歧

促进的程度空前加深，国际社会日益成为一个你中有我、我中有你的命运共同体。另一方面，世界发展面临各种问题和挑战，经济全球化遭遇逆风，世界经济长期低迷，发展鸿沟日益突出，地区冲突频繁发生，恐怖主义、难民潮等全球性挑战此起彼伏，各种社会政治思潮交锋激荡。世界怎么了，我们怎么办？面对全球性挑战，没有哪个国家可以置身事外、独善其身，世界各国需要以负责任的精神同舟共济、协调行动，共同维护和促进世界和平与发展。人类生活在同一个地球村，各国相互联系、相互依存、相互合作、相互促进的程度空前加深，国际社会日益成为一个你中有我、我中有你的命运共同体。另一方面，世界发展面临各种问题和挑战，经济全球化遭遇逆风，世界经济长期低迷，发展鸿沟日益突出，地区冲突频繁发生，恐怖主义、难民潮等全球性挑战此起彼伏，各种社会政治思潮交锋激荡。世界怎么了，我们怎么办？面对全球性挑战，没有哪个国家可以置身事外、独善其身，世界各国需要以负责任的精神同舟共济、协调行动，共同维护和促进世界和平与发展。

在"诵"思政环节，选取了2020年中国战疫情的素材，以中国举全国之力投入到疫情救治、疫情防控的工作中，为世界做处了重大贡献为背景，体现的是中国的制度优势，体现的是中国的大国担当。随着中国特色社会主义进入了新时代，中国的治理理念和实践受到高度赞赏和广泛认同，国际影响力、感召力、塑造力进一步提高。中国有信心、有能力为世界作出更大贡献。当然，世界是一个统一的整体，面对灾难，我们是一个命运共同体，只有世界各国共同努力才能够形成坚而不摧的钢铁长城。"诵思政"，分为学生集体朗诵和朗读亭朗诵两种形式，并且可以通过平台分享自己的作品属于激情教学。

朗诵稿：

七律·世卫组织赞中国

文/王树隆

世卫清查疫况明，全民防控获高评。

人间多少灾和痛，应效中华真赋情。

七律·抗毒魔

文/王树隆

万众一心魔见愁，八方防控毒难留。

长城自有人民筑，唯我中华制度优。

七律·有感武汉疫情防控

文/曹家进

揪心数字逐天涨，黄鹤惊飞转四方。

深悔无知贪口腹，痛心惹祸结愁肠。

商家祈盼财源广，百姓唯求福寿康。

三月江城云雾散，东湖依旧沐春光。

七律·赞驰援武汉医疗队

文/尧墨子

望闻天使作戎兵，抗疫驰援风马行。

灭病消灾临鄂地，扶危救困助江城。

作为仁术丰碑立，须仗良医寿世荣。

喜看杏林花烂漫，心中酿却凯歌声。

七律·疫情咏叹调

文/朱署光

寂寞窗前叹劫波，拈春为韵向天歌。

愿生双翼偷灵药，欲化三清锁恶魔。

装点关山风缱绻，吹翻绿水影婆娑。

此情无计可消得，一阕新词费咏哦。

七律·众志成城抗肺炎

文/倪道隆

正当春节笑声稠，毒疫袭来祸九州。

黄鹤慌张惊魄散，病魔肆虐虑心忧。

中枢令发排山倒，各路驰援激水流。

众志成城共防范，举刀合力斩源头。

七律·战瘟疫

文/李政国

暗香照旧绕江城，鹦鹉洲头月更明。

千鹤无辜瘟疫染，众鸿有志疾源清。

中枢决策扶伤至，天使精心救死争。

四海五湖甘露泽，涤污祛毒铸安平。

（4）"唱"思政

构建人类命运共同体思想，是一个科学完整、内涵丰富、意义深远的思想体系，其核心就是"建设持久和平、普遍安全、共同繁荣、开放包容、清洁美丽的世界"。其中"开放包容"指的是世界各国在文化上，要尊重世界文明多样性，以文明交流超越文明隔阂、文明互鉴超越文明冲突、文明共存超越文明优越。

人类文明多样性是世界的基本特征，也是人类进步的源泉，多样带来交流，交流孕育融合，融合产生进步。不同文明凝聚着不同民族的智慧和贡献，没有高低之别，更无优劣之分。文明差异不应该成为世界冲突的根源，而应该成为人类文明进步的动力。要促进和而不同、兼收并蓄的文明交流对话，在竞争比较中取长补短，在交流互鉴中共同发展，使文明交流互鉴成为增进各国人民友谊的桥梁、推动人类社会进步的动力、维护世界和平的纽带。

"唱"思政的环节，以构建人类命运共同体思想中"开放包容"的文化为知识点，布置学生唱响2019年亚洲文明对话大会主题曲《我们的亚细亚》，学生在唱响歌曲的时候，以欢愉的方式深入了解亚洲文明对话大会的背景。亚洲文明对话大会是汇聚亚洲文明、凝聚亚洲共识的宽广平台，也是亚洲文化大交流、人民大联欢的人文盛事，是激发文化共鸣点、维护文明多样性的文明盛会。大会立足亚洲、面向世界，向世界各文明开放，向世界各地的朋友开放。此次亚洲文明对话大会，聚焦亚洲文明交流互鉴与命运共同体的主题，旨在传承弘扬亚洲和世界各国璀璨辉煌的文明成果，搭建文明互学互鉴、共同发展的平台，增强亚洲文化自信，促进亚洲协作互信，凝聚亚洲发展共识，激发亚洲创新活力，为亚洲命运共同体和人类命运共同体建设提供精神支撑。

4. 课后拓展

学习理论的目的主要是指导实践，分析解决实际问题。怎么样让学生课堂所学有效转化是完成"知行合一"的关键。鉴于此，《毛泽东思想和中国特色社会主义理论体系概论》课程就要深入学生的生活，有规划的将课堂所学与学生的日常学习生活深度融合。这就需要发挥各专业的专业特长、深入学生管理部门、融入校园文化建设、开发当地可行性资源，更甚之要紧密联系学生寒暑假的假期实践，让《毛泽东思想和中国特色社会主义理论体系概论》课程的知识点实时转化为日常生活的一部分。根据第十三章《中国特色大国外交》的学习内容，课后拓展分为以下几个方面：

首先，通过平台推送视频《习近平时间》中的《习近平寄语青年：为构建人类命运共同体添砖献瓦》，提出问题，让学生结合天津本地职业院校一项重要项目"鲁班工坊"（英文名Luban Workshop）的实际情况，谈一谈作为青年大学生，为构建人类命运共同体，我能做点什么？师生、生生在平台交流互动。

（鲁班工坊是天津率先主导推动实施的职业教育国际知名品牌。以鲁班的"大国工匠"形象为依托，在泰国、印度、印尼等国家相继设立"鲁班工坊"。将天津作为国家现代职业教育改革创新示范区的优秀职业技术和职业文化，采用学历教育与职业培训的方式走出国门，与世界分享，搭建起天津职业教育与世界沟通的桥梁）

其次，《毛泽东思想和中国特色社会主义理论体系概论》要深入各学院各系部建立马克思主义青年学社，把思政课融入校园文化建设当中。以天津现代职业技术学院为例，学院成立了马克思主义青年社团，组织学生到天津海河教育园区思想政治教育实践基地参加义务讲解活动，有效调动学生参与到实践基地运行维护的工作中。

（天津海河教育园区思想政治教育实践基地是由天津海河教育园区管委会主办，天津现代职业技术学院承办的专门从事高职院校思想政治教育教学及实践的基地。该基地立足于高职院校学生，力求把思想政治教育理论教学与实践教学相结合，创新思想政治教育教学方式，提升思想政治教育的吸引力，增强思想政治教育效果，使针对学生的思想政治教育真正做到入脑入心。）

马青社学生为来访团队义务讲解

最后，组织学生走进天津港博览馆，近距离感受天津港在参与"一带一路"建设中的举措和成就。站在天津港博览馆大堂抬头仰望，穹顶上的世界地图标明了天津港与世界友好港之间的往来航线。通过国际交往、研修交流、智力引进、定期互访、业务培训等形式，天津港已与日本、韩国、美国、荷兰等国家的12个港口建立了友好港关系，同世界上180多个国家和地区的500多个港口有贸易往来，每月航班400余班，直达美洲、欧洲、亚洲等世界各地枢纽港口。随着改革开放的进一步发展，业界翘楚、行业巨头纷纷在天津港登陆，以资本为纽带与天津港集团结成利益共同体，实现携手合作。

（天津港（Tianjin Port），位于中国天津市滨海新区，地处渤海湾西端，背靠雄安新区，辐射东北、华北、西北等内陆腹地，连接东北亚与中西亚，是京津冀的海上门户，是中蒙俄经济走廊东部起点、新亚欧大陆桥重要节点、21世纪海上丝绸之路战略支点。天津港博览馆坐落于天津国际贸易与航运服务区西段，毗邻天津港保税区和天津经济开发区，建筑规模25，980平方米）

第三节　实践教学实施成效与反思改进

一、实践教学实施成效

办好思想政治理论课，最根本的是要全面贯彻党的教育方针，解决好培养什么人、怎样培养人、为谁培养人这个根本问题。推动思想政治理论课改革创新，要不断增强思政课的思想性、理论性和亲和力、针对性。针对本次课程设计，教学实施成效总结为以下几个方面：

1. 在"学思践悟行"的教学逻辑中，把思政课与专业特色深度结合，构建"大思政"育人格局

思想政治工作是一项长期任务、系统工程，在全面部署推进的同时，必须紧抓重点领域和关键环节；把思想政治工作贯穿教育教学全过程，把学校改革发展的成果与成效落实在立德树人这一根本任务上来，着力构建"大思政"工作格局，推动形成全员育人、全过程育人、全方位育人的生动局面。本次教学以案例、问题为驱动，深入各学科专业的专业特点，把思政课教学与专业课融合的措施，探索与高职院校特色相适应的思政教育途径，因材施教，分步实施"学、思、践、悟"四个环节，逐级递进，最终达到"知行合一"的目标。

2. 在"理论+实践课堂"中，借助3D数字马列馆和场景化红馆，让思政学习"活起来"。

习近平总书记强调，思想政治理论课是落实立德树人根本任务的关键课程。要坚持理论性和实践性相统一，用科学理论培养人，重视思政课的实践性，把思政小课堂同社会大课堂结合起来，教育引导学生立鸿鹄志，做奋斗者。本次教学的教学设计严格落实坚持理论性与实践性相统一，利用学校以及当地现有的教学资源，把课堂教学分为"理论课堂"+"实践课堂"的形式开展，借助3D数字马列馆和思想政治教育实践基地，以思政课教师为主导，有效调动学生学习思政课的热情，充分发挥学生在学习中的主体性，让思政学习"活起来"。

3. 通过精准推送资源与案例,在"讲、演、诵、唱"中,让思政学习"乐起来"。

本次教学设计特点是大量运用各种教学资源为学生创设课堂情境,综合运用信息化技术手段为学生进行精准推送,让学生带着问题来上课,带着兴趣来听课,激发了学生的学习热情。信息化手段的运用,使学生可以更快捷更方便的获取信息、共享资源,促使学生自主学习、协作探究和教学互动,突破了以往课堂教学的空间限制和手段限制,内容直观具体,知识容量增大,课堂效率提高。尤其在实践课堂在课上,以学生主体通过组织活动,增加学生参与度,通过小组之间的交流互动和竞争协作,使学生迅速掌握自己和其他同学的学习情况,获得了学习成就感,更好的掌握和理解了教学内容。

二、实践教学的反思与改进

1. 实践课堂应加强制度化管理

随着实践课堂的不断增多,管理机制建设愈加显的尤为重要。为了应对思政理论课堂的需要,思想政治教育实践基地必须制定出一套科学合理、符合实际的规章制度;必须建立相应的考核机制。以制度规范为基本手段协调思想政治教育实践基地组织集体协作行为。只有强化制度化管理,才能使各项工作有章可循,才能协调好理论课堂与实践课堂之间、班级与班级之间、班级内部等的各项关系,为思政课创造一个有利的发展环境。

2. 平台学习应提升学生自主化引导

随着信息化教学的不断推进,平台学习更大的发挥了学生学习的主体性,但是与此相适应的学习管理方式也有待加强。在平台学习中要坚持统一性和多样性相统一,落实教学目标、课程设置、教材使用、教学管理等方面的统一要求,又因地制宜、因时制宜、因材施教,提升学生自主化引导,让学生积极参与、乐于探究、勇于实践、勤于思考,发展好奇心与求知欲,加强与他人合作的意识。

《关于加强和改进新形势下高校思想政治工作的意见》指出,高校思想政治理论课,要创新教学方法,贴近学生思想实际,在平等沟通、民主讨论、互动交流中进行思想引导,有的放矢、生动活泼地开展,增强教学的吸引力、说服力、感染力。《毛泽东思想和中国特色社会理论体系概论》课程是一门来自于实践的课程，系统的学习之后最终要回归实践，所谓教学有法，教无定法，贵在得法，教师在教学设计上，要根据新时代大学生的学习特点，对学情深入分析，使教学过程做到有理、有趣、有用地有机统一，围绕"动"字做文章，全面提高学生的思想政治修养。

第五章 《毛泽东思想和中国特色社会主义理论体系概论》实践教学评价研究

实践教学是高职院校人才培养的重要组成部分，实践教学评价指标体系是实践教学的重要环节。科学、系统、合理、客观的实践教学评价指标能够客观地反映实践教学过程中影响实践教学质量的因素，为教学过程考核提供重要依据。《毛泽东思想和中国特色社会主义理论体系概论》实践教学评价不仅能保证教学过程朝着人才培养的目标发展，而且还能及时了解教学中存在的问题，以便不断改进实践教学方法。

第一节　实践教学评价的作用

一、目前实践教学评价中存在的问题

1.重视实践教学，忽视实践教学评价。近年来，随着职业教育的深化改革，各高职院校越来越重视实践教学，尤其是思想政治理论课，已经逐渐突破纯理论教学，更多的加入了实践育人的元素。但是在加大思想政治理论课（尤其是《毛泽东思想和中国特色社会主义理论体系概论》）实践教学力度的同时，却忽视了实践教学的一个重要环节——实践教学评价。究其原因，不论是教师还是学生，实践教学在课前准备环节和课堂组织方面都需要投入大量时间和精力。而每一次的实践教学课程，无论从教学内容还是从教学方法上，都有很大的差异性，教学评价不能一刀切，更不便于细致的实施，教师往往不愿多花精力在实践教学评价上，进行的评价大多数也是套用已有的实践教学标准和通用的实践教学评价指标，失去实践教学评价的针对性，也就使得实践教学在教学评价环节相对比较弱势，失去了一定的意义。

2.目前实践教学评价更加注重实践结果而轻实践过程。实践教学评价多在实践教学结束以后，以作业、实验报告、实训小结等衡量学生成绩，重结果，轻过程，这种终结性评价不能实现对学生实践的过程性考核，更难以评价学生在学习过程中情感、思维、心境、知识拓展能力、团队协作能力等综合素质方面的发展状况。而思想政治理论课的实践教学真正的意义所在便是让学生能够把所学入脑入心，能够参与到日常的实践中，践行理论知识，对学生的实践过程考核要求更高。所以需要建立一种即可以评价实践教学结果，同时又可以对实践教学过程进行评价的实践教学评价机制。

3.评价指标和主体需要不断健全。实践教学评价指标是对实践教学活动的各方面、各环节提出的可测量和评价的要求，是衡量实践教学活动是否有效的重要标准。目前实践教学评价主要从学生对基本知识和技能应用的掌握情况两方面进行，忽视了职业能力、职业态度等方面，而且评价指标注重定性评价忽略了定量评价，所以现有的评价指标并不完善。《毛泽东思想和中国特色社会主义理论体系概论》实践教学由于课程本身不同，其理论性与实践性并存，教学标准和教学内容的差异决定了实践教学考核要点与其他专业学科应该相应的结合，以全面反映学生对知识和技能的掌握情况。改变以往教学评价中以教师对学生的评价为主，应该还包括教师学生互评和督导评价以及自我评价等，评价主体不仅仅局限于教师或者学生，使学生有主动参与性，以学生参与实践教学的积极性。

4.实践教学评价反馈不及时。实践教学资料包括实践教学文件和考核评价资料。其中实践教学文件包括实践教学标准、大纲、计划、配套教材、备课笔记、仪器操作规程等，考核评价资料包括学生考勤、实训报告、实训小结、反馈及评价表等。实践教学资料是实践教学质量监控的重要对象，是实践教学质量的重要反映。目前，对于思想政治理论课的实践教学依然处于探索阶段，尚缺乏统一的标准要求，所以现在的实践教学资料并不完善，导致教学质量监控未能落到实处。由于评价信息的收集、统计和分析处理工作周期长、难度大，所以实践教学评价结果不能及时地反馈给教师和学生，存在重结果、轻反馈的问题，造成为评价而评价的局面，失去了实践本身的客观性，教学评价无法对教师的教学质量进行实时监督，无法起到以评促学、以评促改的效果，不利于实践教学质量的诊断与改进。

二、《毛泽东思想和中国特色社会主义理论体系概论》实践教学评价的重要性

课堂教学评价是依据一定的评价标准，对师生在课堂上进行的教与学的活动过程及其教学效果做出的价值判断。通过构建有效的《毛泽东思想和中国特色社会主义理论体系概论》实践教学评价体系，不仅能够让教师感受到实践教学的压力，从而将更多的时间和精力投入实践教学环节，同时还能够不断完善实践教学结构，为学生提供更优质的教学服务。建立实践教学质量监控与评价体系是提高《毛泽东思想和中国特色社会主义理论体系概论》实践教学的重要环节。其具体的意义主要体现在以下几个方面：

1.导向功能

导向功能是思想政治教育基本功能之一，发挥大学生思想政治教育导向功能是坚持社会主义核心价值体系的客观要求，是创新思想政治教育理论的内在要求，更是促进大学生全面发展的现实需要。要正确认识新时代发挥思想政治教育的重要性，具体体现在思想政治教育学科要与时俱进、党的意识形态工作领导权以及培育和践行社会主义核心价值观上。教学质量评价体系的建设首先为课程确定了发展导向，各级部分在对视角教学实施的过程中有明确的发展目标，所以教学评价体系的建设在推进《毛泽东思想和中国特色社会主义理论体系概论》课程实践教学改革中具有重大的理论价值和现实意义，能够促进实践教学改革的目标性落实，提升课程实践教学的质量。

2. 激励功能

为了满足新时代培养高素质人才的要求，不断增强思想政治理论课的思想性、理论性和亲和力、针对性，各大高校也都在积极开展思想政治理论课的实践教学工作，但是其教学效果如何、教学有效性能否得到保证、学生的满意度如何、教师实践教学能力是否能够满足教学的要求等，都需要依赖于实践教学质量评价体系作为基础，通过制定严格而具有实用性的审核标准来保证实践教学评价体系的有效性，提高学生的专业素养。所以说只有把《毛泽东思想和中国特色社会主义理论体系概论》实践教学构建出一套行之有效的实践教学质量评价体系以后，学生才能更快、更好地处理好该课程理论教学与实践教学的关系，更好的参与实践教学，维护实践课堂的教学规律和教学秩序，转化为良好的课堂学习效果，能让自己的综合能力得以提升。

3. 促进教师业务发展

就目前的实践教学实施现状来看，实践教学的评价界定比较模糊，相对传统的理论课堂来讲，教学评价的方法比较简单、涣散，并没有严格统一的标准，因此，思政课教师在开展实践教学过程个也就会出现随意、涣散等问题，而思想政治理论课就其本身来讲是具有很严格的逻辑要求和严肃性的，所以建立思想政治理论课实践教学质量评价体系是思想政治理论课本身的必要性体现。从教师的角度来说，实践教学质量评价体系不仅让他们的教学思想和教学行为更规范化，还为教师的实践教学工作指明了方向，使他们可以更好地为学生提供教学服务。而且在实践教学质量评价体系的指导下，教师通过反复对比，对照评价标准，还可以更清楚地知道自己教学工作存在的问题，为改进实践教学工作奠定基础。也为教师之间加强相互交流、互相学习、共同提高有一个执行标准，同时通过教学评价也是对教师实践教学的工作态度及成绩的肯定。

4. 督促学生学习实践

《毛泽东思想和中国特色社会主义理论体系概论》课程实践教学之所以要构建实践教学质量评价体系，其并不是为了惩罚教学主体或者说给他们带来心理负担，而是为优化实践教学活动所服务的。实践教学质量评价体系的构建，不仅对学生提出了要求，同时也也为学生学习指明了方向。从学生的角度而言，学生必须要明确自己的学习目标，既要看到课程理论教学的价值，还要意识到实践教学对于未来发展的影响，积极主动地与教师进行互动，参与实践教学，提高学习效率和学习质量。

第二节　实践教学评价的原则

由于实践教学质量评价体系能够产生的影响比较深远，影响范围也比较大，所以《毛泽东思想和中国特色社会主义理论体系概论》课程在构建实施实践教学评价体系时需要考虑非常多的问题，不仅要保证基本框架没有问题，同时还要规范细节，这样才能真正地保证其作用能够发挥出来，努力构建出一个最合理、最有效、最具有人性化的实践教学质量评价体系。除此以外，在构建实践教学质量评价体系时还需要遵循一些基本的原则，为《毛泽东思想和中国特色社会主义理论体系概论》实践教学课程保驾护航。

一、公平公正原则

《毛泽东思想和中国特色社会主义理论体系概论》课程实践教学评价体系首先要坚持评价标准客观，不能带有随意性。实践教学质量评价体系的构建意味着遵守规约，各教学主体要严格以体系标准为基础执行，要客观公正对待每一位学生、每一个行为。另外，实践教学评价体系要坚持评价态度客观，不能带有主观性。评价主体要以体系所规定的标准进行衡量对比，不可加入个人主观因素而使教学评价脱离实际，评价时要秉持认真负责，公平公正的态度进行。最后实践教学评价体系要坚持评价方法客观，不带有偶然性。评价方法的使用应考虑各个专业类别学生的特殊性，选择适合该专业学生的实践教学方法，同时选择适合该专业学生的评价方法，切忌一刀切式评价，同时所选用的方法应固定化、规范化，保持教学评价的稳定性和有效性。

因此，在这个视角教学评价过程中，要严格遵循公平公正的原则，让师生都能心服口服，要把以学生为中心的理念彻底体现出来。

二、整体性原则

高校学生的课程中有基础课和专业课之分，思政课属于基础课，而随着对高校人才标准的不断提高，对思政课也有更高的要求。近几年，"课程思政""思政课程"被反复提出，不断引起高校师生的重视。而思政课程和专业课程两方面其实是相辅相成、缺一不可的辩证统一关系，因此思想政治理论课，尤其是实践教学评价体系的制定要尽可能全面，针对不同专业背景的学生，评价标准既要统一又要有所差别。一方面，实践教学评价要对于思政课的理论元素的分层次，从低级到高级有着不同的情感态度价值观，将各层次罗列出来使学生一一对应以查验通过学习达到了何种层次。另一方面，对于不同专业的学生，实践教学评价要分角度进行测评，让学生把《毛泽东思想和中国特色社会主义理论体系概论》所学和自己的专业知识、专业技能、专业素养等在实践中有效融合笃实。实践教学质量评价不能把目光只聚焦在思政课这个学科范围之内，而是要能服务于各个学科的方方面面，所以这就需要遵循整体性原则。事实上，无论是对教学目标的制定，还是对教学内容、教学方式的选择，都离不开学科的相互支撑，都需要在整体性原则的基础上施行，这样才能保证最终得到的教学效果能够满足要求。这两方面正是实践教学质量评价体系的重要方面，以为是高校人才培养"德才兼备"的整体性体现。

三、导向性原则

提到思想政治教育，首先想到的是思想政治教育的导向功能。而《毛泽东思想和中国特色社会主义理论体系概论》实践教学作为思想政治教育的重要组成部分，在实践中同样具有导向功能。导向就意味着把控大方向，在实践教学中要严格按照课程标准和章节育人目标为基础设置实践教学内容。当然以此为基础并不意味着生搬硬套，在具体的实施过程中还要遵循学情，符合不同专业、年级、学习进度学生的客观需要。

四、信息化原则

根据目前信息化教学的需要，在构建实践教学质量评价体系的过程中需要遵循信息化原则。实践教学中应该更多的加入信息化教学，信息化可以说是学生实践结果的一种表达形式，目前很多工作的实施都离不开数据的支撑，在构建实践教学质量评价体系时通过收集、整理、分析、处理信息等环节，就可以根据实践教学质量评价体系构建的需要建立一个对应的教学评价模型，信息化的评价结果可以让人更信服，这也就是实践教学质量评价体系最终的呈现方式，同时也满足直观、形象的要求。

第三节 实践教学评价体系的构建

随着高校思想政治理论课教学改革的推进和思政课实践教学的深入开展，实践教学的评价机制的权威性和实现性也日益受到关注。思想政治理论课程的实践教学要达到理想的效果，就必须建立一个完善的实践教学考核评价体系，无论是对提高教学质量，还是对规范教学管理，都具有重要的现实意义。

思政课实践教学考核评价体系的构建是一项复杂的工程。评价机制作为实践教学的重要环节之一，有助于控制教学质量和检验教学效果及提升学生的学习能力和素质。但是，目前高校思政课实践教学评价机制还不够健全，在发挥作用和指导实践方面与预期的目标还相差甚远，这就在一定程度上削弱了思政实践教学的实效性。因此，需要进一步提升对于思政实践教学课程的认识，完善相关的考评体系建设，促进课程完善和发展。

思想政治理论课的实践教学评价体系可以分为五大系统：

一、实践教学理念系统

目前我国的多个高校中对于思政课的考核评价体系的认识不够深刻，其构建考核评价体系的理论基础不够明确，因此，为了能够为思政课程构建一个较为完善的考核评价体系，首先就需要有一个理论基础，使考核评价体系在建设时能够有一个明确的理念，从而建立出一个完善的考核评价体系。

在教学实践中，我们认识到思政课的实践教学是以育人为目的，要达到这一目标，则要求我们转变评价理念，将以人为本、注重发展、重视过程的评价理念贯彻始终，发挥其对于评价活动的导向、激励和改进作用。同时，我们也要看到实践教学活动的范围应是宽泛的，课内实践、校内实践及社会实践都应被纳入实践范围，努力构建多元价值的实践教学评价体系。将实践教学评价从理论教学中分离出来，形成课程化的评价，独立为一个单独的评价体系。不管是评价教师的教学行为，还是评价学生的状况，都要体现学科特点，制定相应的评价标准，可以采用多主体参与的方式。如对学生的评价，可以采取学生自评、学生互评、教师对学生的评价；对教师的评价，可以采取教师自评、教师互评、学校评价、学生对教师的评价等方式。这样就可以从多个角度发现教学中存在的问题，避免单一主体评价带来的片面性、不科学性。

因此，在评价体系中，首先要做的就是转变教学质量评价理念，构建具有多元价值的思想政治理论课实践教学评价体系，体现考评体系构建的科学性。

二、实践教学保障系统

高校要从实践教学的困境中走出来，必须加强组织管理。既要成立由党委副书记牵头的思政课教学领导小组，还应该成立由教学管理部门、系部二级单位和实践基地负责人共同参与的校实践教学领导小组，目的就是对实践教学活动的计划进行监督，不断完善教学管理。在组织结构、以及经费投入、师资队伍建设和实践基地建设加大投入的力度，以保障实践教学收到良好的效果。

实践教学保障包括组织保障、基地保障和经费保障三个方面。

1. 组织保障是关键。完善的教学组织是开展实践教学的关键环节。很多高校成立了以校领导为组长的思政课领导小组，下设思政课实践教学领导小组。有些高校还成立了实践教学监察委员会，做到经常性地跟踪实践教学过程。这些探索都是值得学习和推广的。

2. 基地保障是前提。实践教学的开展必须有配套的实践基地。要根据教学需求，确保基地的数量与学生数相对应。在实践基地的建设上，可以采取多种方式建立，要在保障投入上下功夫，争取社会各界对实践教学的支持。

3. 经费保障是基础。任何教学活动的开展都需要相应的经费保障，实践教学也不例外。对此，《中共中央、国务院关于进一步加强和改进大学生思想政治教育的意见》指出要根据教学需要"，逐步增加思想政治理论课教学经费的投入，从而保证社会实践教学活动的正常开展"。思政课的实践教学与专业课的实习相比，更具基础性、广泛性，在经费投入上，要严格按照学分和人数设立专项经费，且不能低于专业课实践教学的经费投入比重。

三、实践教学规范系统

要保证"思政课"实践教学环节的有效展开，就必须要实行规范化管理，要有制度，有措施。常言说，没有规矩不成方圆，做任何事情都要有制度约束，按制度办事，才能有条不紊，顺理成章。"思政课"实践教学同样必须要有完善的制度，要有章可循。因此，在对学校"思政课"实践教学进行评价时，必须要看有没有完整的"思政课"实践教学大纲，大纲内容是否符合"思政课"教学要求，实践教学课时是否达到教育部规定的标准，有无实践教学教材或指导书等。

实践教学规范系统包括教学管理规范和教师教学规范两个方面。

1. 教学管理规范：是为实现教学目标而规定的管理方式、手段和制度的总称。教学管理是否规范主要体现在三个方面：一是要有规范化的教学计划，包括学分和学时的规定、经费的投入和工作量的计算等。二是要有规范化的实践操作规程，对各个实施环节做出明确具体的规定，从而规范教学行为。三是要有制度化的教学效果反馈机制，例如召开实践教学交流会议、实践教学研讨会等，要制定相应的规章制度。

2. 教师教学规范：是对教师在整个实践教学过程中的行为做出明确的规定。教师的教学是否规范会直接影响教学活动的顺利开展和实践教学效果。教师在教学活动之前，要做好充分的教学准备，提供完整的教学文件；在教学过程中，要对教学进度和成绩记录等做出具体要求；在教学结束以后，要对教学过程进行总结，对教学效果进行评估。只有这样，才能保证教师"教"的质量。

四、教学质量监控系统

质量监控系统是为了保障教学运行、保证教学质量而对教学过程进行的必要监控。主要包括两个内容：

1. 建立日常教学督察制度。包括检查教师的教学准备情况、监督教师落实相关教学原则等。

2. 是创建多渠道的信息反馈机制。可以组建以教务部门为主导、以学生为主体的教学信息反馈中心，对实践教学的相关信息进行收集整理和分析处理。也可以通过召开学生座谈会、发放教学问卷等形式，收集整理相关意见和建议。

五、教学效果考评系统

教学过程是教师和学生双方参与，共同影响实践教学效果的过程。不仅包括教师传递已有知识，更是帮助学生构建新知识，以解决问题的方式进行学习的过程。所以，要关注学习过程的整体性，和学习过程本身，这就要求我们将过程性评价与结果评价相结合，更加注重过程，实现评价重心的转移，使其成为思政课实践教学质量评价改革的一条重要原则。过程性评价主要是对学生在整个实践过程中的表现进行评价，包括实践活动前、实践活动中、实践活动结束后三个环节，主要考查学生运用马克思主义理论分析和解决实际问题的能力，评价学生的在实践中理论联系实际的能力。而诸多的过程创造了结果，结果反映了过程。所以客观地评价实践教学过程，有利于形成公正的结果。

当然，最终的效果考评是教学评价必不可少的内容。教学效果考评包括对教师和学生的考评。对教师的考评，主要看相关教学文件是否齐全，教学组织和指导是否到位，是否落实了理论联系实际和实践育人的教学原则等。对学生的考评，主要是考核学生参与实践的程度、参与实践后的收获，以及参与实践后形成的各种成果等。

思政课程实践教学是提升大学生思政实践水平的重要课程，在构建相关的课程教学考评体系中，要进一步强化思政实践课程教学工作，加强思政实践课程教学管理，创新考核方法，有针对性地细化相关考核分值设置，增强考核细则科学性、可操作性，从而充分发挥考核的作用，对于促进课程发展和教学进步具有重要意义。

第六章 《毛泽东思想和中国特色社会主义理论体系概论》实践教学典型案例

　　毛泽东思想和中国特色社会主义理论体系概论课以讲授中国化马克思主义为主要内容。中国化马克思主义是马克思主义与中国革命、建设和改革相结合的理论成果，深深扎根在中国实现中华民族伟大复兴的社会实践中。在实践中学习中，领悟中国特色社会主义理论的科学性、人民性、实践性，增强学生对中国特色社会主义理论的理论认同、情感认同、价值认同和实践认同，坚定学生对中国特色社会主义的"四个自信"，引导学生在为中华民族伟大复兴中国梦奋斗中放飞青春梦想。《毛泽东思想和中国特色社会主义理论体系概论》课程如何进行实践教学，本章将从典型教学案例中进行进一步探讨。

　　天津地处华北平原东北部，环渤海湾的中心，北依燕山，东临渤海，是中国北方最大的沿海开放城市。天津是中国迈向近代化的重要发源地之一，也是中国近代以来最重要的城市之一，天津的历史文化资源丰富，中外并蓄，有着丰厚的人文底蕴以及，同时走在时代前列。用有涵盖了自中国近代以来的政治、经济、文化、社会、生态文明建设、科技创新、党的建设等方方面面，具有独一无二的稀缺性，实践教学的典型案例将依据天津当地的资源进行探讨。

实践教学案例一：天津觉悟社纪念馆

1. 实践基地介绍

天津觉悟社纪念馆是一座建立在革命旧址上的红色纪念馆，特色突出，主题鲜明，是天津市开展爱国主义教育的重要基地之一。

觉悟社是在五四运动高潮中产生的进步青年团体，二十名社员男女各半，其中周恩来、马骏、刘清扬、邓颖超、郭隆真等人都是当时天津学生运动的骨干。社员们冲破封建束缚，联合起来，共同斗争，他们在这里研究新思潮，探讨救国救民的真理，积极参加实际斗争，成为当时天津反帝爱国运动的领导核心，在北方的革命社团中享有很高的声望。

现有展陈分复原陈列和辅助陈列两部分。

复原陈列充分利用觉悟社旧址的独特优势，根据邓颖超、管易文、李愚如等原觉悟社社员和社友的回忆结合相关文献考证对东、西两个厢房进行复原性布展。其中西厢房为里外套间，布置了民国时期的家具，如藤椅、书桌、铜床及文房四宝等日常生活器具，恢复上世纪二十年代富裕家庭日常生活起居的场景，为观众营造了一个真实的时代背景。东厢房为宽敞的通间，是当年觉悟社社员活动的旧址，外墙筑有"觉悟社旧址"标识牌，屋内陈列有书橱、衣帽架、报架等物品，在房间正中并排摆放两张八仙桌，上有社员们抓阄用的铁盘和纸阄，再现了觉悟社社员们开展活动时的场景。

辅助陈列利用三间联排正房打通为展室，形成贯通的展线。展览以时间为序，分为三个相对独立的部分进行布展，各成体系。展览第一部分为背景介绍，题为《奠定基础——经受五四风暴洗礼》；第二部分为核心内容，题为《觉悟诞生——寻索社会改造之途》；第三部分题为《大浪淘沙——选择不同人生道路》。

2. 实践教学主题

课程第一章《毛泽东思想及其历史地位》中毛泽东思想的形成和发展部分。"五四"运动、马克思主义在中国的传播是毛泽东思想产生的重要条件。

觉悟社是在"五四"运动期间学习宣传马克思主义的主阵地之一。

3. 实践教学目的

带领学生参观觉悟社纪念馆，了解觉悟社成立的宗旨、主要活动及其影响，使学生认识"五四"运动时期中国先进知识分子选择、学习、宣传马克思主义的情况，学习革命先辈"先觉先悟、为国为民"的爱国主义精神。

4. 实践教学设计

（1）参观觉悟社复原展和辅助陈列展，听讲解员讲解觉悟社活动的情况

（2）教师讲解"五四"运动期间、马克思主义在中国传播的基本情况。

（3）跟着讲解员学唱觉悟社社歌，进一步感悟先辈"携手作先驱，奋斗牺牲是精神"的觉悟，感受马克思主义对青年学生的吸引力。

实践教学案例二：平津战役纪念馆

1. 实践基地介绍

平津战役纪念馆是中共中央决定在天津修建的、全面展现平津战役伟大胜利的专题纪念馆。1995年11月工程奠基，1997年7月建成开馆。自开馆以来，已先后接待国内外观众300多万人次。胡锦涛、江泽民、贾庆林、曾庆红、李长春、罗干以及李鹏、李瑞环、宋平、刘华清等党和国家领导人先后莅临纪念馆视察参观。

平津战役纪念馆曾先后被命名为天津市爱国主义教育基地、天津市国防教育基地、天津市科普教育基地；2004年被中宣部、国家人事部、民政部、文化部评为全国爱国主义教育示范基地先进单位。2005年，又被国家发改委、中宣部列为"全国红色旅游经典景区"，是全国开展爱国主义教育的重要基地、国防教育的重要载体、革命传统教育的重要课堂、精神文明建设的重要窗口和弘扬先进文化的重要阵地。场馆有六大展厅。

序厅：大厅正中央的铸铜雕像《走向胜利》，表现了中共中央毛泽东和刘少奇、朱德、周恩来、任弼时五位书记的领袖风采；墙屏上毛泽东主席关于平津战役作战方针的浮雕手迹熠熠生辉；环周巨幅壁画《胜利交响诗》反映了东北、华北两大区军民英勇奋战、夺取战役胜利的宏大场面。

战役决策厅：通过对中共中央九月会议和全国与华北战略形势的发展变化，平津战役的方针和部署等诸多重大历史事实的追溯，展示了平津战役发生的背景与全国战场的关系，着力表现了中央军委，特别是毛泽东主席高瞻远瞩，审时度势，作出将国民党傅作义集团扣留于华北就地歼灭的英明决策的过程。厅内设置了毛泽东主席西柏坡办公室旧址复原蜡像以及大量历史文物，照片多媒体演示，将毛主席驾驭战争的伟大气魄，运筹帷幄的高超指挥艺术，形象生动地表现出来。

战役实施厅：通过大量照片、文献、实物等史实材料与图表、绘画等辅助展品有机结合，全面、真实地展现了平津战役从发起到胜利结束的光辉历程。

该厅设置的巨幅塑型电动图、大屏幕电视、战场景观、电动沙盘等，运用现代化的手段和形式，逼真地再现了战争场面。

人民支前厅：运用大量史料，翔实地展现了东北、华北各级中国共产党组织、政府和解放区广大人民群众踊跃支前的历史场景，深刻地揭示了兵民是胜利之本这一革命战争规律。

伟大胜利厅：陈列了平津战役取得的辉煌战绩和北平、天津以及全国各地欢庆胜利的场面等内容，并设置了缴获武器陈列台。同时对平津战役胜利后、新中国成立前发生的一些重大历史事件作了概要介绍。反映了平津战役连同辽沈、淮海等重大战役的伟大胜利，在中国革命历史演进中所起的重要作用和影响。

英烈业绩厅：陈列了中国共产党党的三代领导核心毛泽东、邓小平、江泽民和其他领导同志的题词；据有关数据显示，该展厅介绍了平津战役中牺牲的32位著名烈士和团以上干部、26位战斗英雄和109个英模群体的事迹；悬挂了英模群体的锦旗；展出了大量奖章、证书和英烈所用物品。英烈名录墙将战役中牺牲的6639名烈士姓名镌刻在上，寄托了对烈士的深切怀念和敬仰。

2. 实践教学主题

以平津战役纪念馆内容为切入点，开展《毛泽东思想和中国特色社会主义理论体系概论》"毛泽东思想"部分内容的教学。

3. 实践教学目的

让大学生认识到毛泽东思想及历史地位，认识到一个多世纪以来，在中华民族追求独立富强的沧桑哀荣中，从来没有一个人，像毛泽东那样深刻、长远地影响着中国。历史和人民选择了毛泽东，选择了新民主主义道路，诞生了伟大的毛泽东思想。

4. 实践教学设计

（1）组织学生前往，聆听管内人员的讲解。

（2）组织学生参观纪念馆。

（3）任课教师组织学生讨论，与馆内人员交流

（4）教师组织讨论，与管内人员交流，学生代表发言，教师总结。

（5）学生在平津战役纪念馆阅读《中国社会各阶级的分析》、《矛盾论》、《实践论》、《论持久战》、《论十大关系》、《关于正确处理人民内部矛盾的问题》等毛泽东的著作。

实践教学案例三：天津劝业场

1. 实践基地介绍

天津劝业场于1928年建成，已经有90年的历史。劝业场是天津百货商场的代表，天津城市地标性建筑。劝业场原本建设于法租界内，经济成分比较复杂，是城市私营经济的典型代表。当时劝业场与天津几个大型商场经营分散，分工不明确，形成了一种"样样经营，样样不全"的状况，这与社会主义人民生活提高后的需求不相适应。1956年在人民政府的改造和扶持下，劝业商场和天祥市场正式合并为一家百货公司。经过改建的天津劝业场以崭新的面貌在滨江道上重新开张。从经营模式来看，劝业场由国家收归后统一管理，统购统销，商品统一定价，改变了过去分租给各个小店铺私营的经营方式。据档案《天津市劝业商场柜台纪律》中记录，劝业场当时给售货员制定了严格的工作纪律，要求服务员一律佩戴证章，有工作服和帽子的必须穿戴，个人衣着保持整洁，头面清洁；在柜台内不准吸烟、打闹、吃零食；不准擅自离开岗位，不能接待亲友，不能代替顾客垫钱，不代存别人的物品。企业在经营作风上也一改过去的欺行霸市的"老虎摊"，而成为名符其实的童叟无欺的"君子国"。

劝业场的社会主义改造是天津市落实过渡时期总路线，开展社会主义改造的一个典型案例。至1956年1月中旬，天津市101个私营工商行业，26000多家企业，全部被批准实行公私合营。参加手工业合作组织的手工业者达83000余人，占全市手工业从业人员的90%左右。同时，全市建成201个高级社，入社农户92301户，占总农户的98.45%。天津市农业、手工业、资本主义工商业的社会主义改造基本完成，建立起以生产资料公有制为基础的社会主义经济制度。1月18日，《天津日报》发表社论《欢呼天津市提早进入社会主义社会》。1月22日，天津市90万人举行"天津市各界庆祝社会主义改造胜利联欢大会"，宣布天津市紧跟首都北京之后，进入全市人民盼望已久的社会主义社会。

2. 实践教学主题

课程毛泽东思想部分第三章《社会主义改造理论》。我国在社会主义改造过程中探索形成了"一化三改"的过渡时期总路线，积累了丰富的历史经验。在对资本主义工商业的改造中采取了和平赎买的方式。消灭私有制，建立社会主义社会，是国家今后一切进步和发展的基础。特别是民族资产阶级作为一个剥削阶级被基本消灭，这是党的赎买政策、和平变革资本主义私有制的成功实践，而且较好地发挥了资本主义经济对国计民生的有利作用，维持了大批工人就业，为国家建设提供了大量生产和生活必需品。当然，由于改造后期的要求过急，工作过粗，改变过快，形式过于简单划一，留下一些后遗症。但党领导人民消灭私有制，是在保证国民经济稳定发展和得到人民群众普遍拥护的情况下完成的，这是一场深刻的伟大的社会变革，成就是第一位的。

3. 实践教学目的

通过了解天津劝业场社会主义改造的历史和成就，使学生对我国社会主义改造形成更加直接的认识，并且更加理解过渡时期的总路线，理解社会主义改造的历史经验。

4. 实践教学设计

（1）参观天津近代历史遗迹劝业场大楼以及劝业场百货公司展室。听工作人员介绍劝业场建立的历史发展进程。

（2）教师讲授我国对资本主义工商业和平赎买的改造路径，并引导学生思考我国社会主义改造的道路、历史经验。

实践教学案例四：海鸥表博物馆

1. 实践基地介绍

天津海鸥表博物馆坐落在天津空港经济区海鸥表业集团厂区内，面积1000多平米，是我国最大的手表博物馆。海鸥手表博物馆分为四大展区，分别是：计时中国陈列区、国表摇篮、计时之宝和创新之路。走进海鸥表博物馆的门内，第一眼看到的是海鸥表发展史介绍墙，介绍墙详细记录了海鸥手表精湛的传统技艺和现代科技成果，直观地为我们展示了我国造表技术的工艺之美和历史文化，折射出了当时国产民族工业品牌的辉煌历史。

1955年3月24日，"中国第一只手表"在天津手表厂（天津海鸥集团前身）的四位技师手中问世，从此开启了中国手表制造的历史。1957年1月"天津手表厂筹备处"成立。1958年10月1日定名为"天津市五一手表厂"，1962年1月5日正式更名为"天津手表厂"。到1963年天津手表厂的建筑面积已达16741平方米，年产20万只手表。1965年3月天津市文教机械制造厂表壳生产车间划归天津手表厂，人员、设备同时调入，至此天津手表厂成为从机芯制造到外观件生产配套齐全的全能型企业。1966年9月，新型机械腕表"东风"研制成功，1969年9月至1971年9月，科研人员在ST5基础上增加其他装置，先后研制出ST5B、ST5D等，使"东风"表形成了一个完整的系列。1973年，经当时的国务院副总理李先念批准，"东风"表以"海鸥"表商标进入国际市场。1974年初，天津手表厂组织了ST6女表设计小组进行机械女表的研制，1975年底投产，它填补了我国手表制造行业只有男表没有女表的空白。1965年10月，"中国第一只航空表"顺利通过走时精度、测时、高低温、震动、防磁、防潮、快慢针拨校、上条拨针启动质量、冲击等重要指标检测。1966年10月底，1400只成品发往中国空军一线。海鸥表作为新中国发展起来的民族品牌，是中国工业化道路探索的一个缩影，见证了中国工业化道路探索的历史。

博物馆里保留了海鸥手表厂的原来厂名面貌，陈列了原来老一辈海鸥手表厂技师的一些合影、研发制作第一枚腕表时候用到的部分工具和记录的计时资料笔记、海鸥（原天津手表厂）第一代批量生产的腕表"五一"牌、用来制作腕表零件的已经退役的小立铣床、海鸥完全自主研发生产的镇馆之宝陀飞轮、万年历、三问表等一些表款。

2. 实践教学主题

课程毛泽东思想部分第四章《社会主义建设道路初步探索的理论成果》。新中国刚刚建立的时候，我国的工业基础非常薄弱。因此，党把实现国家工业化确定为新中国整个经济建设的主要任务。如何走中国工业化道路的问题，毛泽东在《论十大关系》中第一大关系论述的便是重工业、轻工业和农业的关系。毛泽东提出了以农业为基础，工业为主导，以农轻重为序，发展国民经济的总方针，以及重工业和轻工业同时并举等一整套"两条腿"走路的工业化发展思路。天津尽管在探索中有曲折，但仍然建立了汽车、拖拉机、照相机、电视机、电子计算机、化学纤维等现代工业生产部门，由以轻纺为主的工业城市发展成为拥有冶金、机械、石油、化工、精密仪器、轻工、纺织、食品等门类比较齐全、具有相当规模的综合性工业基地。

3. 实践教学目的

实现工业化是中国近代以来历史发展的必然要求，也是民族独立和国家富强的必要条件。中国共产党早在新民主主义革命时期就开始重视国家的工业化，提出保护民族工商业的政策。但在半殖民地半封建社会，我国民族工业受帝国主义和封建主义的双重压迫，难以获得大的发展。中华人民共和国的成立，为我国实现工业化提供了根本的政治前提。天津手表厂生产出了中国第一块手表——海鸥手表，海鸥手表在改革开放前所创造的辉煌正是中国探索工业化道路的一个见证。通过参观海鸥表博物馆，了解海鸥表作为民族工业品牌发展的历史并深入了解社会主义建设道路初步探索的历史进程，并以此思考中国工业化道路探索历程。

4. 实践教学设计

（1）在海鸥表博物馆听工作人员介绍海鸥表诞生、发展的历程。

（2）与天津海鸥手表集团公司工作人员座谈，了解中国第一块表诞生、发展的意义。

（3）学生针对海鸥手表发展的历史经验发表观点。

（4）教师总结我国走中国工业化道路的思想，是党探索我国社会主义建设道路的一个重要思想，对于加快我国社会主义建设事业发展具有重要意义。

实践教学案例五："津云"全媒体融合平台

1. 实践基地简介

津云，天津市移动新媒体总平台、总集成，一个有新闻理想、融合基因、生活服务、人工智能的媒体集群。2017年3月31日，建筑面积为1000平方米的"津云"中央厨房正式启动运行，这是全国首个全媒体融合平台，打造了适合全媒体融合的新闻生产机制和指挥调控体系，实现了天津市"播、视、报、网"的全媒体融合，在全国媒体融合发展方面堪称首创之举。"津云"利用人工智能、大数据、云计算技术研发的《津云中央厨房决策指挥平台》，由舆情监测、指挥调度、运行监控、播报效果分析、民生热点分析、用户画像、选题策划、交通路况等11个场景组成，提供舆情热点、事件脉络、素材回传、视频互动等30余项功能模块。各类数据视图都能够被直观、动态、高效地展示。

"津云"中央厨房加快推进媒体融合提供技术保障，打造了适合全媒体融合的新闻生产机制和指挥调控体系，遵循"需求导向、创新驱动、互通共享、融合发展"的建设思路，实现"融为一体、合而为一"的重要要求，实现了天津市"播、视、报、网"的全媒体融合，在全国媒体融合发展方面堪称首创之举。同时也吸引了近百家海外媒体入驻"云上海外"平台，也将成为天津巩固宣传思想文化阵地、壮大主流思想舆论的"智脑"。

2. 实践教学主题

《毛泽东思想和中国特色社会主义理论体系概论》课程中第三部分习近平新时代中国特色社会主义思想中第八章《习近平新时代中国特色社会主义思想及其历史地位》。党的十八大以来，以习近平同志为核心的党中央，提出一系列新理念新思想新战略，出台了一系列重大方针政策，推出一系列重大举措，推进一系列重大工作，推动党和国家事业取得了全方位开创性的历史成就，发生了深层次的根本性的变革。这其中就包括思想文化建设取得重大进展，现代公共文化服务体系建设步入发展快车道，文化产业蓬勃发展。

3. 实践教学目的

通过"津云"中央厨房业务管理平台的实践教学，让学生了解"津云"的强大的技术体系，了解"津云"全媒体融合的新闻生产机制和指挥调控功能，使学生了解天津在利用先进技术推进媒体融合，提升天津媒体在讲好中国故事、传播主旋律、加强意识形态安全、网络安全等方面的成果，从而使学生直观感受党的十八大以来我国思想文化建设领域的举措和成果。

4. 实践教学设计

（1）组织师生前往参观"津云中央厨房决策指挥平台"，教师讲解党十八大以来思想文化建设领域取得的成就，包括媒体积极应对信息技术的挑战、牢牢掌握意识形态的领导权、传播主旋律等方面的成就。

（2）邀请"津云"工作人员讲解"津云"全媒体融合的新闻生产机制和指挥调控功能，学生提问、讨论。

（3）教师总结媒体在思想文化建设领域的重要作用和取得的成绩，学生代表发言谈自己的感受。

实践教学案例六：天津市滨海新区规划展览馆

1. 实践基地介绍

天津市滨海新区规划展览馆是全面展示新区总体规划、建设成就以及未来发展远景的专题性展览馆。它不仅是展示滨海新区形象的一个重要窗口，也是海内外各界人士与滨海新区互通的平台、民众参与新区规划建设的廊道。

展览馆位于滨海新区中心商务区，占地面积6581平方米，建筑面积8515平方米，布展面积3600平方米。北依"滨海之肺"泰丰公园，南临京津塘高速公路延长线——泰达大街，东面紧邻"四季花园"泰达热带植物园。展览馆利用先进的声、光、电技术，生动地展示了滨海新区的历史沿革、开发建设情况和未来发展前景。在这里，观众能够通过多种途径，全方位、多角度、直观立体地了解滨海新区开发开放的全貌。

展览馆于2003年2月开工建设，2004年10月竣工开馆。馆内共分三层，一层布展面积1500平方米，包括1060平方米的沙盘模型以及沙盘周围的航拍图和三面墙上的伴景图，充分展示了滨海新区2270平方公里的规划面积。从二楼和三楼向下俯视沙盘，相当于从4500和7000米高空俯视新区。二层布展面积1000平方米，展示滨海新区总体规划和专项规划以及九大功能区的电子沙盘和中心商务区、临港工业区、临空产业区的单体沙盘模型。三层布展面积及影厅面积共计1100平方米，东侧展示曾参加"中国对外开放30周年回顾展"的滨海新区沙盘模型，北侧展示滨海高新区单体沙盘模型。放映厅面积270平方米，可容纳84人。2009年，被市委、市政府命名为天津市爱国主义教育基地。

2. 实践教学主题

概论课第九章第一节中"奋力实现中国梦"的相关内容。实现中华民族伟大复兴，是近代以来最伟大的梦想，是中国走向未来的鲜明指引，是激励中华儿女团结奋进、开辟未来的一面精神旗帜。改革开放以来，我们总结历史经验，不断艰辛探索，终于找到了实现中华民族伟大复兴的正确道路，取得了举世瞩目的伟大成就。在中国特色社会主义道路上，我国经济实力、综合国力大大增强，人民生活显著改善，科技创新在经济发展中的驱动力越来越强劲，社会越来越和谐，生态越来越美好。实现中国梦，必须走中国道路、弘扬中国精神、凝聚中国力量。

此次实践创新课需要为学生突出强调的是，实干才能梦想成真。实现中华民族伟大复兴，是一项光荣而艰巨的事业，需要每一个人付出艰苦努力，用实干托起中国梦。空谈误国，实干兴邦。要在全社会大力弘扬真抓实干、埋头苦干的良好风尚，出实策、鼓实劲、办实事，自强不息、勇往直前。

3. 实践教学目的

通过组织学生参观天津滨海新区规划展览馆，帮助其深入了解天津改革开放的巨大成就与未来方向，使学生深刻体会滨海新区有今天的成就，靠的就是一代又一代人的顽强拼搏、自强不息的精神，而滨海新区未来的发展依然需要这种埋头实干的热情和激情，只有每个人都付出锲而不舍、驰而不息的艰苦努力，伟大复兴的中国梦才能变为现实。进一步地，结合课程的相关原理讲授，促使学生能够真正领会"只要一代又一代中国人勠力同心、不懈追求、接力奋斗，我们就一定能够到达中华民族伟大复兴的光辉彼岸"，增强对中国特色社会主义的道路自信、理论自信、制度自信和文化自信，激励他们真抓实干、埋头苦干，团结起来为实现中华民族伟大复兴不断努力奋斗！

4. 实践教学设计

（1）组织学生参观展览馆沙盘；

（2）由场馆工作人员围绕进行现场讲解；

（3）任课教师以滨海新区为案例讲授坚持中国特色社会主义道路、实现伟大复兴中国梦的重要内容和战略意义；

（4）组织学生自由参观，并与场馆工作人员进行互动交流。

实践教学案例七：中汽（天津）系统工程有限公司

1. 实践基地介绍

中汽（天津）系统工程有限公司（以下简称公司）成立于2014年4月，隶属于中国机械行业规模最大、拥有甲级资质最多的大型央企——中国汽车工业工程有限公司（以下简称中汽工程），总部坐落于天津市西青区中北工业园区，拥有中北、盐城两大新型高端汽车涂装装备制造基地，共占地21万平方米，现有在册员工300余人。

公司为实现与中汽工程涂装工程院"构架完整的涂装业务板块"，提升其核心竞争力而建立，具备先进的加工制造能力及完整的系统集成能力。拥有数控激光切割机、折弯机、数控机床等大型设备数十台。2016年公司顺利通过ISO三标体系认证，成功获得"天津市科技型中小企业"称号；2017年被认定成为"国家高新技术企业"和"科技小巨人培育企业"；2018年通过"天津市企业技术中心"认证。公司在依托中汽工程涂装工程院强大设计实力的同时，不断强化系统制造能力，与其构成完整的研发—设计—制造体系。2017年公司实现产值4.7亿元，同比增长31.4%，发展势头正劲，现已成为中汽工程旗下的核心制造公司之一，为中汽工程提高中、高端涂装线的市场占有率，进而实现该业务领域的全球领先打下基础。

2. 实践教学主题

《毛泽东思想和中国特色社会主义理论体系概论》2018版第十章第一节第一部分，"贯彻新发展理念"。新发展理念是中国共产党关于发展理论的重大升华，是习近平新时代中国特色社会主义经济思想的主要内容。新发展理念立足于当前我国的新发展环境、新发展条件，是符合我国国情、顺应时代潮流、厚植发展优势的重大抉择，具有战略性、纲领性、引领性。其内涵包括，创新、协调、绿色、开放、共享。本实践基地主要是对应"创新注重的是解决发展动力"这一内容，发展动力决定发展速度、效能、可持续性。坚持创新发展，是应对发展环境变化、增强发展动力、把握发展主动权，更好引领新常态的根本之策。对我国这么大体量的经济体来讲，如果动力问题解决不好，要实现经济持续健康发展是难以做到的。抓住了创新，就抓住了牵动经济社会发展全局的关键。坚持创新发展，就是把创新摆在国家发展全局的核心位置，不断推进理论创新、制度创新、科技创新、文化创新等各方面创新，让创新贯穿党和国家一切工作。通过该实践基地的参观学习，让学生亲身感受科技创新对推动国家社会发展的重大意义。

3. 实践教学目的

通过该实践基地的参观学习，让学生亲身感受科技创新对推动国家社会发展的重大意义，感受创新发展理念在社会生产中的贯彻、落实。

4. 实践教学设计

（1）在中汽（天津）系统工程有限公司大厅展室。教师讲解坚持新发展理念中"创新"发展理念，由此，引申出科技创新实践基地——中汽（天津）系统工程有限公司。

（2）请中汽（天津）系统工程有限公司的工程师介绍公司的基本情况、研究的主要内容、重大成果等，体现出创新运用对国家、社会发展的重大意义。

（3）进入自动化车间听工程师讲解生产线的运行及创新。

（4）学生代表谈此次实践的感想。教师提问并让学生讨论，总结创新发展、树立新发展理念对推进中国特色社会主义事业发展的现实意义

实践教学案例八：天津锦上禾农耕文化博物馆

1. 实践基地简介

天津锦上禾农耕文化博物馆位于天津市宁河区板桥镇张子铺村，成立于2017年9月，目前占地450亩，建筑及设施10000多平米，包括：种植区、养殖区、加工区和观光区、艺术创意区和双创区、科普体验区。现已开展中小学生研学活动、大学各相关专业的实习活动、农民专业培训、学习农耕文化、军训政治思想教育、中外非遗匠人艺人交流等活动基地。

"锦上禾"已经成为当地的特色产品，是以辣椒加工为主的企业，后成立蔬菜种植合作社，并注册了商标"锦上禾"，带动当地农民种植辣椒加工出口，形成"公司加科研加农户"的研发、种植、加工、销售的经营生产模式。目前农场占地面积500亩，秋季种植了糯玉米约200亩，白菜10亩，辣椒100亩。锦上禾农耕文化博物馆坐落在农场里，环境优美，除农耕文化文物陈列馆之外，还有种子作物陈列室、田间种植体验区、农具陈列区等多个展区，博物馆以整体园区土地及房屋设施为依托联动周边村庄向全镇拓展，旨在建设以农耕文化为灵魂，农业体验为主线，传承传统农耕文化，培养现代化农耕文化科技创意示范基地。

2. 实践教学主题

党的十九大提出了实施乡村振兴战略，并将其作为推动农业和农村现代化的重大任务。科学制定乡村振兴战略规划，建立健全城乡融合发展体制机制和政策体系，加快推进农业农村现代化，自2018年开始将每年的秋分日设立为"中国农民丰收节"，这将可以集中展示农村改革发展取得的巨大成就，极大调动中国亿万农民的积极性、创造性与内在动力，提升他们的存在感、荣誉感与幸福感。同时，截至2019年末，全中国农村贫困人口不到一千万，如何让这些农民尽快脱贫致富，一起迈入小康社会，是党和国家一直关注的重点问题。习近平总书记讲"小康不小康，关键靠老乡"，坚决打赢脱贫攻坚战如何实现农民在脱贫路上不掉队，如何在未来的农业发展道路中，更好地落实农民是主体、基层是重点、特色是关键，如何更好地实现上下联动、遍地开花，对农民更好地进行引导而非主导，确保到2020年我国现行标准下农村贫困人口实现脱贫。

3. 实践教学目的

带学生走进农耕文化博物馆，感受中国农业发展的历史进程，深入体会农业作为几千年文明之首的精彩，并且深刻认识到，目前我国对农业发展的全新定位，对于三农问题的密切关注，理解振兴乡村战略。

4. 实践教学设计

任课教师带领学生参观考察，教师全过程讲解，师生全程互动。

（1）参观锦上和弄根文化博物馆，了解农业发展的历史脉络

（2）探讨农业发展独家人类社会文明进程的重要作用

（3）教师讲解传统农业和农业现代化之间的关系

（4）学生研讨，在全面小康的进程中如何带领农民稳固脱贫，实现农业现代化进程。

实践教学案例九：天津港博览馆

1. 实践基地介绍

天津港博览馆，目前是中国最大的港口博览馆，建筑规模25980平方米。天津港博览馆坐落于天津国际贸易与航运服务区西段，毗邻天津港保税区和天津经济开发区，位于天津港集团办公大楼西侧。建筑风格稳重严谨，凸显天津港围海造陆、成为世界等级最高人工深水港的特色。

博览馆总体布展面积11000平方米。分别为二楼大堂铜浮雕、古近代展厅、现代和未来展厅。展示尊重历史，体现时代风貌，集艺术性、思想性、科学性完美结合，形象再现了"三会帆影"的飘逸，"三岔河口"的神韵，"紫竹悲歌"的风烟，"渤海明珠"的壮丽；帆影簇簇，碧波粼粼，展示出天津港从小到大、从弱到强、从中国走向世界港口五强的发展历程；折射出天津港人精卫填海、缔造辉煌的创业精神及宏伟壮丽的美好前景。馆内史料翔实，1000余幅图文资料、600余件实物展品，以及巨型沙盘、360° 环形幕等多功能现代设施，全景展现历史厚重感、近代沧桑感、未来使命感，令观者震撼。天津港博物馆是天津市爱国主义教育基地。

站在天津港博览馆大堂抬头仰望，穹顶上的世界地图标明了天津港与世界友好港之间的往来航线。通过国际交往、研修交流、智力引进、定期互访、业务培训等形式，天津港已与日本、韩国、美国、荷兰等国家的12个港口建立了友好港关系，同世界上180多个国家和地区的500多个港口有贸易往来，每月航班400余班，直达美洲、欧洲、亚洲等世界各地枢纽港口。以资本为纽带与天津港集团结成利益共同体，实现携手合作。

2. 实践教学主题

概论课第十三章"中国特色大国外交"第二节"推动构建人类命运共同体"中推进"一带一路"建设的主题。"一带一路"是习近平深刻思考人类前途命运及中国和世界发展大势所提出的宏伟构想和中国战略方案。"一带一路"建设对推动构建人类命运共同体具有重要的意义和作用。

3. 实践教学目的

"一带一路"战略是中国特色大国外交的重要组成部分。通过实践教学，使学生感受"一带一路"战略的巨大成就，了解"一带一路"战略是顺应时代潮流，适应发展规律，符合各国人民利益，具有广阔前景的有益于中国和世界的战略，进而进一步理解"构建人类命运共同体"的深远意义。

4. 实践教学设计

（1）教师讲解"一带一路"战略提出的过程、现状。

（2）学生参观天津港博物馆，尤其是其现代和未来的部分。听讲解员介绍，重点了解天津港在参与"一带一路"建设中的举措和成就。

（3）围绕天津港在"一带一路"战略中如何进一步发挥作用，提升自己发展，学生与天津港博物馆工作人员座谈。

（4）教师总结"一带一路"战略的实施对于天津、中国、世界的意义。

实践教学案例十：泥人张美术馆

1. 实践基地简介

泥人张美术馆坐落在天津市南开区鼓楼商业南街内，由泥人张第五代世孙张乃英先生于2003年初创办设立，以继承、保留中国传统雕塑技法，宏扬现代民族雕塑艺术。馆内收藏有泥人张世家历代作品千余件，常年展出百余件，其中以清末民初时期作品为主。其中包括《蒋门神》、《余三胜像》、《钟馗嫁妹》、《看手串》、《渔归》等经典作品。民间彩塑艺术泥人张是一种深得百姓喜爱的民间美术品，它创始于清道光年间，流传、发展至今已有一百八十多年的历史。创始人张明山，自幼随父亲从事泥塑制作，练就一手绝技。18岁即得艺名"泥人张"。目前第六代传人为本馆馆长张宇。

2019年11月，《国家级非物质文化遗产代表性项目保护单位名单》公布，天津泥人张彩塑工作室、天津市南开区泥人张美术馆荣获"天津泥人张"项目保护单位资格。

在当前快速发展的网络时代，网购的兴起为"泥人张"的推广增加了新的渠道。第六代"泥人张"张宇将当代商业模式与泥塑艺术相结合。为了提高"泥人张"与当前社会的融合性，张宇的"泥人张"泥塑更加注重传承人个人品牌的打造而非艺术风格的僵硬继承。"泥人张"增加了越来越多的新题材，审美特征已与百年前有了明显的不同。曾经用于艺术家创作参考和人民祈福的泥塑，在信息化社会更接近于精神艺术。"泥人张"泥塑使人们远离尘嚣，品味朴实的自然之美。然而，信息化社会给"泥人张"带来的并不只是受众和人气，还有隐患。品牌打响后，良莠不齐的仿制品、杂乱的流水商品、鱼目混珠的衍生作品，都给新时代"泥人张"泥塑的灿烂带来了一分不安。传统艺术如何满足新时代对文化产业的需求成为摆在我们面前的重要问题。

2. 实践教学主题

《毛泽东思想和中国特色社会主义理论体系概论》2018版第十章第一节第三部分，推动社会主义文化繁荣兴盛。人类文明进步的历史充分表明，没有先进文化的引领，一个国家、一个民族不可能屹立于世界先进民族之林。当今时代，文化在综合国力竞争中的地位日益重要，谁占据了文化发展的制高点，谁就能够更好地在激烈的国际竞争中掌握主动权。实现中华民族伟大复兴，迫切要求我国由一个文化大国转变成为一个文化强国，这是中华民族几千年文化积淀赋予我们的历史使命。文化强国是指一个国家具有强大的文化力量。这种力量既表现为具有高度文化素养的国民，也表现为发达的文化产业，还表现为强大的文化软实力。建设社会主义文化强国，就是要着力推动社会主义先进文化更加深入人心，不断开创全民族文化创造活力持续迸发、社会文化生活更加丰富多彩、人民基本文化权益得到更好保障、人民思想道德素质和科学文化素质全面提高、中华文化影响力不断增强的新局面，建设中华民族共有精神家园。坚定文化自信，在传承中华优秀传统文化基础上发展社会主义先进文化，加快建设社会主义文化强国。建设社会主义文化强国，必须大力发展文化事业和文化产业。

3. 实践教学目的

文化是一个国家、一个民族的灵魂，是人民的精神家园，也是政党的精神旗帜。文化兴国运兴，文化强国运强。推动文化繁荣兴盛，必须坚定文化自信，大力发展文化产业，提高国家文化软实力。通过走访参观泥人张美术馆，了解泥人张的发展历史，进一步思考中华传统文化是中国特色社会主义文化事业不可或缺的重要内容，在新时代要大力弘扬中华传统文化，以马克思主义为指导，坚守中华文化立场，立足当代中国现实，结合当今时代条件，发展面向现代化、面向世界、面向未来的，民族的科学的大众的社会主义文化，走中国特色社会主义文化发展道路，建设中国特色社会主义文化。

4. 实践教学设计

（1）学生参观泥人张美术馆，听美术馆工作人员讲解泥人张发展历程。重点了解这项艺术发展传承的艰辛和不易，以及在不同时期发展的成就。

教师讲解"一带一路"战略提出的过程、现状。

（2）学生观看泥人张作品的制作流程，并能够亲手参与制作，感受传统文化的魅力。

（3）听教师讲解中华传统文化在坚定文化自信、推动文化产业发展、建设社会主义文化强国的重要地位。深入理解推动社会主义文化繁荣兴盛。

（4）学生思考：面对新时代新问题，经营模式的新发展，人们的新视野等，中华传统艺术如何适应新时代对文化产业的需求呢？

实践教学案例十一：七里海国家湿地公园

1. 实践基地简介

七里海国家湿地公园地处天津市东北部，位于天津市宁河区境内，距天津市区30公里，距北京100公里，距唐山40公里。七里海是1992年经国务院批准的古海岸与湿地国家级自然保护区，是天津最大的天然湿地，也是津京唐三角地带极其难得的一片绿洲。它是镶嵌在渤海之滨、津沽大地的一颗璀璨明珠，天津最大的后花园。七里海绚丽多姿的自然风光，为天津市区、滨海新区营造一个幽静、秀美的周边环境，对绿化、净化、美化环境起着重要的作用。七里海不仅是本市最大的芦苇产地和重要的水产品基地，同时还是鸟类的天堂。有鸟类200多种。它的牡蛎滩是世界迄今发现的规模最大、分布最广、序列最清晰的古海岸遗迹，对研究海洋学、湿地生态学等学科具有重要价值。

天然氧吧：七里海大片芦苇每天释放出大量负氧离子。据专家测算，七里海负氧离子每立方厘米含量2500个，比大城市中心区高几十倍。负氧离子具有镇静祛痛、降低血压、消除疲劳等多种功效，被称为"自然保健医生"、"空气中的维生素"。

水质净化器：七里海大面积芦苇、香蒲等植物，具有净化水质、消除水污染的特殊功能，有"地球之肾"美称

天然蓄水库：七里海对天津东北部地区蓄洪、滞洪具有重要作用。

生命摇篮：七里海大面积天然湿地，为野生动植物提供了良好的生存繁衍环境，是生物物种基因库和生物多样性重要发源地。

可是由于过度开发，七里海湿地自然环境遭到一定的破坏。七里海湿地公园地处天津市划定的永久性生态保护红线范围，根据《天津市永久性保护生态区域管理规定》，在永久性保护生态区域红线内，不允许开展旅游活动，被天津市环保局责令关停。因此，七里海湿地公园于2015年9月关停，今后不再开展旅游运营，2017年5月，国家旅游局给予其以摘牌处理。七里海管委会表示，总投资5亿元、占地面积5000亩的七里海西海生态修复项目已全面启动，将成为

本市最大的集生态保护和科普教育于一体的湿地文化展示基地。七里海西海生态修复项目位于七里海大道北侧，旨在通过水道疏通达到涵养植被的目的，工程预计年内竣工。该项目将建珍稀植物恢复区、野鸭放养区、麋鹿放养区、鱼类涵养区和湿地探险区五大功能区。目前七里海湿地修复工作已经取得阶段性成果。

2. 实践教学主题

根据课程第三部分习近平新时代中国特色社会主义思想第十章第五节《建设美丽中国》的学习要求，建设生态文明是中华民族永续发展的千年大计，关系人民福祉，关乎民族未来，功在当代、利在千秋。生态文明建设，是指人类在利用和改造自然的过程中，主动保护自然，积极改善和优化人与自然的关系，建设健康有序的生态运行机制和良好的生态环境。中华文明历来强调天人合一、尊重自然。"万物各得其和以生，各得其养以成。"五千多年的中华文明就是在人与自然的和谐共生中发育成长，生生不息，绵绵不绝。面对资源约束趋紧、环境污染严重、生态系统退化的严峻形势，必须树立尊重自然、顺应自然、保护自然的生态文明理念，保护自然生态系统，维护人与自然之间形成的生命共同体。

绿水青山就是金山银山，把祖国建设成经济繁荣、环境优美、生态良好的美丽家园，既是建设美丽中国的根本要求，也是亿万人民的共同愿望，更是每一个公民义不容辞的责任。我们要坚持节约资源和保护环境的基本国策，为人民创造良好生产生活环境，努力形成人与自然和谐发展新格局。

3. 实践教学目的

建设美丽中国，要树立人与自然和谐共生的基本理念，实现最严格的环境保护政策，坚持绿色发展，加快生态文明体制改革。学生通过近距离感受七里海湿地公园的美景，了解七里海丰富的生态资源，并通过七里海的发展历程，感受人与自然和谐共生的实质内涵，也进一步理解绿水青山就是金山银山的发展理念，明晰我们要建设的现代化是人与自然和谐共生的现代化，既要创造更多的物质财富和精神财富以满足人民日益增长的美好生活需要，也要提供更多优质生态产品以满足人民日益增长的优美生态环境需要。最重要的是在今后的生产生活中用实际行动践行坚持人与自然和谐共生。

4. 实践教学设计

课前查阅七里海生态环境相关素材

驱车前往七里海国家湿地公园，沿途参观，感受七里海美好生态资源

教师讲解七里海丰富的生态资源，并介绍七里海从原生态到开发参观，进而人为过度开发的弊端，以及关停开发恢复生态环境的过程。

学生学习坚持人与自然和谐共生基本方略。

实践教学案例十二：国家超级计算天津中心

1. 实践基地简介

国家超级计算天津中心（简称天津超算中心）是由科技部于2009年5月批准成立的首家国家级超级计算中心，由天津滨海新区和国防科技大学共同建设，部署有2010年11月世界超级计算机TOP500排名第一的"天河一号"超级计算机和百亿亿次"天河三号"原型机系统。"天河三号"原型机系统入选由两院院士投票评选的2018年度中国十大科技进展新闻。天津超算中心构建有超算中心、云计算中心、电子政务中心、大数据和人工智能研发环境，是我国应用范围最广、研发能力最强的超级计算中心，为全国的科研院所、大学、重点企业提供了广泛的高性能计算、云计算、大数据、人工智能等高端信息技术服务。

在支撑科技创新领域，天津超算中心服务科研、企业、政府机构用户数已超过1600家，主要用户已经遍布全国近三十个省市自治区，应用涉及生物医药、基因技术、航空航天、天气预报与气候预测、海洋环境模拟分析、航空遥感数据处理、新材料、新能源、脑科学、天文等诸多领域。天河一号上每天运行的研发任务数超过1400项；累计支持国家、省部级重大项目超过1300项，涉及项目资金超过10亿元。支撑国家级、省部级奖励成果和包括Nature、Science在内出版成果超过1600项，研发了一批具有自主知识产权的应用软件，取得了一批具有国际先进水平的科研成果。

在推动传统产业转型，引导新兴产业发展发挥重大作用，构建了石油勘探数据处理平台、生物基因健康平台、动漫与影视特效渲染云平台、工程设计与仿真云平台、建筑工程设计与管理云平台（BIM）等，为近两百家重要企业提供了优质服务，与众多的企业建立了良好的合作关系，实现了提升企业研发效率和产品竞争力，推动传统产业转型和培育新经济增长点，构建完善产业发展链条，实现区域内外资企业和产业聚集等突出成效。

在2020年新型冠状肺炎期间，国家超级计算天津中心与天津和国内多家医院，以及中国抗癌协会肿瘤人工智能专委会、中国人工智能学会智慧医疗专委会等多方合作，依托"天河人工智能创新一体化平台"，经过持续研发攻关和试用测试，构建了新冠肺炎CT影像综合分析AI辅助系统，实现了基于CT影像的新冠病毒肺炎特征检测功能，可作为临床辅助诊断手段，将有效提高新冠病毒肺炎的筛查能力。该系统平台针对CT影像图片，构建了影像学分析子系统和AI分析子系统。影像学分析子系统通过分析肺实变、磨玻璃影、铺路石等典型特征给出肺炎影像分析结论；AI分析子系统用于区分普通病毒肺炎与新冠肺炎，增加肺炎的筛查甄别能力，实际使用表明有良好的临床测试精度，整套分析可在十秒内完成。该平台不需要现场部署，可以远程使用，可在电脑、手机等多种终端使用，实现方便快速使用，助力抗"疫"工作。

2. 实践教学主题

《毛泽东思想和中国特色社会主义理论体系概论》课程中第十章第一节中讲到，创新是引领发展的第一动力。发展动力决定发展速度、效能、可持续性。坚持创新发展，是应对发展环境变化、增强发展动力、把握发展主动权，更好引领新常态的根本之策。对我国这么大体量的经济体来讲，如果动力问题解决不好，要实现经济持续健康发展是难以做到的。抓住了创新，就抓住了牵动经济社会发展全局的关键。坚持创新发展，就是把创新摆在国家发展全局的核心位置，不断推进理论创新、制度创新、科技创新、文化创新等各方面创新，让创新贯穿党和国家一切工作，让创新在全社会蔚然成风。

3. 实践教学目的

通过在国家超级计算天津中心的学习，让学生认识到创新发展的重要性，深入理解创新是引领发展的第一动力。加强国家创新体系建设，强化战略科技力量，推动科技创新和经济社会发展深度融合。

4. 实践教学设计

（1）驱车前往国家超级计算天津中心，听工作人员介绍中心情况

（2）教师讲述国家创新发展战略计划

（3）听工作人员介绍新冠肺炎CT影像综合分析AI辅助系统

（4）学生讨论：科技创新和国家经济、社会等各方面深度融合的巨大作用。

实践教学案例十三：新中国反腐败第一大案展览馆

1. 实践基地简介

新中国反腐败第一大案展览馆，由中共天津市纪委扩建的天津市反腐倡廉教育基地暨新中国反腐败第一大案展览坐落在原中共天津地委书记刘青山、行署专员张子善的办公地点——天津市西青区杨柳青镇石家大院内。展览共有7间展室，其中6间展庭，1间按原样复原的刘、张办公室。展览馆共展出照片上百幅，展品数十件，并配有若干影像设备。展览共分"惊天大案"、"警钟长鸣"和"任重道远"三部分。

刘青山、张子善案是中华人民共和国成立初期严肃处理的一起重大贪污典型案件。刘青山和张子善案发前分任中共石家庄市委副书记和天津地委书记。二人因贪污被处以死刑，此案因此也被称为"共和国第一贪腐案"。刘青山、张子善贪腐案件的发生和处理，直接推动了全国性"反贪污、反浪费、反官僚主义"斗争的兴起和深入发展，掀起了共和国历史上第一场反腐肃贪风暴。1952年4月21日，我国公布了《中华人民共和国惩治贪污条例》。这是新中国第一部专门惩治贪污腐败的法律条例。

对刘青山、张子善的死刑判决，宣示着中国共产党对贪污腐败绝不容忍、毫不姑息的态度，表明了中国共产党保持党性、维护纯洁的决心。刘青山张子善案件，自此成为教育全党的典型案例。

2. 实践教学主题

时代是出卷人，党是答卷人。中国共产党立志于中华民族千秋伟业，始终做到"不要人夸颜色好，只留清气满乾坤"，课程第十一章第四节《全面从严治党》指出，"坚持党要管党、全面从严治党"是新时代党的建设的根本方针。"把党建设成为始终走在时代前列、人民衷心拥护、勇于自我革命、经得起各种风浪考验、朝气蓬勃的马克思主义执政党"。

3. 实践教学目的

学生通过参观新中国反腐败第一大案展览馆，深入理解全面从严治党的历史渊源，了解中国共产党对贪污腐败绝不容忍、毫不姑息的态度。

4. 实践教学设计

（1）驱车前往天津市西青区杨柳青镇石家大院新中国反腐败第一大案展览馆，听工作人员讲述新中国反腐败第一大案。

（2）通过参观了解世界腐败现象

（3）进一步了解中国特色的反腐倡廉之路

（4）教师深入讲解新时代党的建设的总要求

实践教学案例十四：大港油田展览馆

1. 实践基地简介

大港油田始建于1964年1月，经过多年的艰苦创业，昔日的盐碱滩已建设成为一个集石油及天然气勘探、开发、原油加工、机械制造、科研设计、后勤服务、多种经营、社会公益等多功能于一体的油气生产基地。大港油田的成功验证了李四光同志对于环渤海湾地区有广阔的找油前景的预测。后来，在大港油田的基础上，陆续诞生了华北油田、渤海油田、冀东油田……故此，大港油田又有着东部石油"小摇篮"的美誉。

1985年到1991年，油田的深化改革工作不断推进。油田重点围绕着解决利益主体地位不明确，责、权、利不统一的矛盾，根据实际情况，分别实行了效率工资制承包、企业化经营承包、经费包干和投资切块包干等不同的承包办法，从而使新形势下的经济承包工作充满了活力，有效地调动了各单位完成生产建设和经济技术指标的积极性。同时，油田从落实责任、下放权限、理顺关系的角度出发，改革了企业领导体制，推行了厂长（经理）负责制，推行了项目管理，进行了计划、财务、科技及物资管理等方面的配套改革，从而初步确立了各生产经营单位的利益主体地位，较好地做到了责、权、利的统一。

在进入社会主义市场经济的形势下，作为国务院百家现代企业制度试点企业之一和中国石油天然气总公司配套改革局级试点单位，大港油田自1995年改制以来，积极推行以油公司为核心的生产经营体制，在以往解体油田"大而全"，"小而全"的基础上，对油田文教卫生、生活后勤以及物资供应系统等均实行专业化管理，并进一步深化人事制度改革，完善了社会保险系统。打破干部、工人身份界限，变国家干部为企业职工，在油田范围内全面推行劳动合同制，积极推进聘任制和三岗制，实行三干法，优化领导班子及队伍结构，合理配置人才资源，企业队伍充满活力。对在油田范围内缺员的岗位实行公开招聘，为人才的脱颖而出创造条件。广大职工的改革意识、竞争意识和技术水平得到普遍提高。

2007年底大港油田集团有限责任公司钻井、测井、录井、定向井业务与华北油田相关单位组建为渤海钻探公司，大港油田集团有限责任公司所属其他单位与大港油田公司整合。整合后的大港油田原油年生产能力510万吨，天然气年生产能力0.立方千米。截至2008年底，累计为国家生产原油1.47亿吨、天然气17.6立方千米。

2019年年以来，中石油大港油田公司加大勘探开发力度，先后发现多口高产油井，并在国内首次实现了陆相页岩油稳定开发。自上个世纪60年代，经过几代石油人顽强拼搏、开拓进取，在人迹罕至的盐碱荒滩上，建起了一座现代化的石油城，今天的大港油田犹如一颗璀璨明珠镶嵌在渤海之滨。

1992年，在大港-三号院地区建起了油田展览馆，2004年全面进行了改扩建。这里.记载了大港油田在不同历史阶段艰难而辉煌的创业历程，2007年被中油集团命名为企业精神教育基地。邓小平同志曾在大港油田视察时亲笔题写的"为把大港油田建设成为全国最大油田之一而努力"等内容，展示了大港油田人艰苦创业铸丰碑的铁人精神，策马扬鞭不停步的开拓进取精神，改革发展谋新篇、敢为人先的探索精神，开拓进取创伟业、永不自满的创新精神以及比翼齐飞共发展、深化企业管理、加强技术改造的共谋发展、追求卓越的攀登精神。展览馆展示的是大港石油人艰苦奋斗、勇于攀登的不屈意志，传承的是无私奉献、忘我拼搏的大庆精神和铁人精神，已成为一笔纪念前人、教育后人、弘扬主旋律的巨大精神财富。

2. 实践教学主题

首先，结合课程第四章《社会主义建设道路初步探索的理论成果》，正确认识在社会主义初步探索时期取得的巨大成就，看到社会主义制度集中力量办大事的优越性，同时也看到这一时期为开创中国特色社会主义提供了宝贵经验、理论准备、物质基础。

其次，结合课程第五章《邓小平理论》相关内容，以邓小平为主要代表的中国共产党人立足中国又面向世界，总结历史又正视现实、放眼未来，把马克思主义基本原理同中国的国情和时代特征结合起来，产生了邓小平理论。邓小平理论的基本问题是什么是社会主义、怎样建设社会主义，在坚持社会主义基本制度的基础上进一步认清社会主义的本质，为我们坚持公有制又完善和发展公有制指出了明确的方向。

3. 实践教学目的

通过带领学生了解大港油田从创建、发展、改制、整合、开发、创新的历程，深刻认识国家工业化的过程，理解邓小平理论的基本问题：什么是社会主义、怎样建设社会主义，并依托本次实践课更加直观的认识社会主义市场经济理论、认识改革是中国的第二次革命。

4. 实践教学设计

（1）驱车前往大港油田展览馆，参观了解大港油田的发展历程。

（2）教师结合大港油田的创建讲述社会主义建设道路初步探索时期的建设情况，客观认识这一时期的成就和错误。

（3）教师结合改革开放以来，在实践中形成的中国特色社会主义理论体系，深入讲解国有企业改革发展创新的历程，并进一步指出社会主义制度的优越性。

（4）学生结合大港油田发展史，各小组选取一个知识点分享自己的心得体会。

实践教学案例十五：天津市津南区人民法院

1. 实践基地简介

天津市津南区人民法院机构设置及职能：

（1）刑事审判庭：审理全区范围内刑事案件；

（2）民事审判一庭：指导各法庭民事审判工作，审理被上级法院发回重审的民事案件；

（3）民事审判二庭：审理交通事故赔偿案件、劳动争议案件、医疗事故赔偿案件、房屋买卖纠纷案件；

（4）民事审判三庭：审理全区范围内的商事案件；

（5）庭前准备庭：负责除派出法庭外其他各庭诉讼材料的送达工作、审理公示催告、支付令等特别程序案件、承办诉前及诉讼保全案件，诉前调解工作，案件的鉴定评估拍卖等司法辅助工作；

（6）咸水沽法庭：审理咸水沽、双桥河镇区域内的民事案件；

（7）双港法庭：审理双港镇、辛庄镇区域内的民事案件；

（8）小站法庭：审理小站镇、北闸口镇区域内的民事案件；

（9）葛沽法庭：审理葛沽镇区域内的民事案件；

（10）八里台法庭：审理八里台镇区域内的民事案件；

（11）行政庭：审理全区范围内的行政诉讼案件，负责审查非诉行政执行案件；

（12）执行一庭：负责执行民商事、刑事附带民等申请执行案件；

（13）执行二庭：负责对当事人利害关系人、案外人提出的执行异议，执行案件当事人申请变更、追加执行主体的审查及裁定制作等工作；

（14）审监庭：负责审查申诉和国家赔偿案件，审理再审案件和发回重审的商事案件；

（15）立案庭：负责全院范围内各类案件的审查立案工作，负责接待、咨询、导诉等工作，涉诉信访日常接待和信访处理工作；

（16）政治处：负责干部管理、人事调配工作，离退休老干部工作，机关工会工作，机关党总支日常党务工作等；

（17）研究室：履行审判委员会日常办事机构职能，负责本院司法统计、质效评估工作，执行调研工作计划，上诉等案卷的移送工作等；

（18）办公室：负责本院行政事务管理工作、财务和装备管理工作、档案管理工作、文秘、机要、保密、督办工作等；

（19）法警队：负责机关及派出法庭保卫工作，法庭值庭，提押、看管人犯等工作；

（20）监察室：负责举报信访接待、纪检监察案件的办理工作等；

（21）技术科：负责本院电力、通讯、计算机、音视频设备等现代化办公设备的正常运转与使用，本院网站建设与运行维护。

2. 实践教学主题

课程第十一章第三节《全面依法治国》，2014年十八届四中全会通过了《关于全面推进依法治国若干重大问题的决定》，明确提出全面推进依法治国，加快建设法治中国，开启了中国特色社会主义法治道路的新征程。十九大明确提出，全面依法治国是中国特色社会主义的本质要求和重要保障。必须把党的领导贯彻落实到依法治国全过程和各方面，坚定不移走中国特色社会主义法治道路。

3. 实践教学目的

通过走访天津市津南区人民法院，了解法院的机构设置，近距离感受庭审现场，充分调动学生投身依法治国实践的积极性和主动性，使大学生都成为社会主义法治的忠实崇尚者、自觉遵守者、坚定捍卫者。

4. 实践教学设计

（1）请天津市津南区人民法院的工作人员给同学们介绍人民法院的基本情况。

（2）在庭审现场，对审判程序进行深入了解。

（3）庭审后，学生对庭审进行讨论，请相关工作人员参与学生的讨论并针对法院在审判工作、司法管理和队伍建设等方面落实全面依法治国的做法进行疑难解答。

（4）教师根据学生实践进一步讲解中国特色社会主义法治道路